200 RICETTE SENZA ZUCCHERO PER UN CORPO E UNA MENTE SANI

The German Kitchen

&

Romina Brambilla

"Pubblicato da Mindful Publishing"

Prefazione dell'editore

Siamo lieti che abbiate scelto questo libro.
Se siete in possesso di un libro in brossura, saremo lieti di inviarvi lo stesso come e-book, quindi potrete facilmente girare le pagine in digitale oltre che normalmente.

Diamo molta importanza al fatto che tutti i nostri autori, quando creano i loro libri di cucina, hanno ricucito tutte le loro ricette diverse volte.
Pertanto, la qualità del design delle ricette e le istruzioni per la ricottura sono dettagliate e avranno sicuramente successo.

I nostri autori si sforzano di ottimizzare le ricette, ma i gusti sono e saranno sempre diversi!

Noi di Mindful Publishing sosteniamo la creazione dei libri, in modo che i creativi autori delle ricette possano prendersi il loro tempo e godersi la cucina.

Apprezziamo la tua opinione sulle nostre ricette, quindi ci farebbe piacere la tua recensione del libro e la tua esperienza con queste fantastiche ricette!

Per ridurre i costi di stampa dei nostri libri e per offrire la possibilità di offrire ricette in libri, dobbiamo fare a meno delle immagini nei libri di cucina. La versione digitale ha lo stesso contenuto della versione cartacea.

Le nostre ricette vi convinceranno e vi riveleranno uno stile culinario di cui non potrete fare a meno!

Stufato di pollame dietetico

Tempo totale circa: 30 minuti

Ingredienti

400 g di carne di pollo o di tacchino
5 g di olio
200 g di pepe rosso
200 g di carote
1.000 ml|acqua
20 ml|latte condensato
|origano
|pepe in polvere, dolce
|sale e pepe
|brodo di verdura

Preparazione

Pulire le verdure e tagliarle a strisce sottili. Tagliare anche la carne di pollo a strisce. Naturalmente, potete anche usare delle cotolette già pronte. Rosolare la carne nell'olio. Aggiungere le verdure e soffriggere, poi deglassare con 1 l di acqua e condire a piacere. Lasciare cuocere a fuoco lento per 15 minuti. Poco prima di servire, rifinire con il latte condensato. È importante usare solo il latte condensato per raffinare questa ricetta, perché la ricetta avrebbe molte più calorie con la panna o simili. Perfetto con riso o patate e una fresca insalata verde.

Aceto balsamico - Cipolle

Tempo totale circa: 10 minuti

Ingredienti

16|scalogno/i o cipolle argentate, sbucciate
|sale
1 peperoncino rosso, con i semi e tagliato finemente
2|pomodori, secchi, tritati finemente

|pepe nero
5 cucchiai di aceto balsamico
2 cucchiai di olio d'oliva

Preparazione

Preriscaldare il forno a 190°C. Mettere le cipolle in una pentola d'acqua salata, portare il tutto ad ebollizione e cuocere a fuoco lento per circa 5 minuti. Scolare le cipolle in un colino. Ungere una piccola pirofila. Distribuire il peperoncino e i pomodori sul fondo della pirofila e aggiungere le cipolle. Condire il tutto con sale e pepe e versarvi sopra l'aceto e l'olio. Cuocere nel forno preriscaldato per circa 15 minuti finché le cipolle sono morbide. Durante la cottura, spennellare le cipolle due volte con il brodo. Servire caldo.

Zuppa di peperoni rossi con semi di zucca e formaggio feta

Tempo totale circa: 35 minuti

Ingredienti

2|Pepe(i) rosso(i), tagliato(i) a dadini
1 cipolla (o cipolle), tagliata finemente
2 spicchio/i d'aglio, tritato finemente
1 cucchiaio di olio d'oliva
400 ml|acqua
1 cucchiaio|di brodo vegetale, (istantaneo)
1 cucchiaino|di pepe in polvere, dolce
1 cucchiaino|di pepe in polvere, piccante
½ cucchiaino|di rosmarino, macinato
1 pizzico(i) di sale iodato
30 g di formaggio Feta, leggero
1 cucchiaio di semi di zucca
2 rametto/i di rosmarino, (guarnizione)

Preparazione

Scaldare l'olio in una casseruola media e soffriggere la cipolla e l'aglio fino a renderli traslucidi. Aggiungere il peperone tagliato a dadini e soffriggere brevemente. Deglassare con acqua e mescolare con il brodo, entrambe le polveri di paprika e il rosmarino in polvere e cuocere a fuoco lento per 15 minuti con il coperchio chiuso. Poi ridurre tutto in purea e condire a piacere. Tagliare a dadini il formaggio feta. Arrostire brevemente i semi di zucca senza grasso in una piccola padella. Servire la zuppa con i cubetti di feta e i semi di zucca. Guarnire con un rametto di rosmarino.

Salmone, con amore, dalla Grecia

Tempo totale circa: 30 minuti

Ingredienti

1 ½ cucchiaino|di olio d'oliva
500 g di pomodori
6 olive nere tritate grossolanamente
4|olive verdi, tritate grossolanamente
3 cucchiai di succo di limone
2 cucchiai di prezzemolo, piatto, tritato
1 cucchiaio|di capperi
2|spicchio(i) d'aglio, tagliato(i) sottile(i)
1 pizzico(i) di pepe nero macinato
1 pizzico(i) di origano, tr.
1 pizzico(i) di timo, tr.
500 g di filetto(i) di salmone

Preparazione

A fuoco medio-alto, scaldare l'olio in una grande padella. Aggiungere i pomodori, le olive, il succo di limone, il prezzemolo, i capperi, l'aglio, le erbe e il pepe. Mescolare e portare a ebollizione. Abbassare la fiamma e cuocere a fuoco lento per circa 5 minuti, fino a quando il contenuto della padella si è ridotto di un terzo. Mescolare di tanto in tanto durante questo processo. Sciacquare il salmone e asciugarlo con carta assorbente. Spingere le verdure nella padella da un lato per fare spazio al pesce; versare le verdure sopra. Coprire con il coperchio e cuocere a fuoco basso per 10-15 minuti. Condire di nuovo a piacere. Per porzione: 254 Kcal. 15 g di grassi 6 g di carboidrati 24 g di proteine

Pollo con pomodori

Tempo totale circa: 20 minuti

Ingredienti

2|pomodori
1|spicchio(i) d'aglio
50 g|cetriolo/i
150 g|Yogurt magro
120 g|filetto/i di petto di pollo
½ cucchiaino|di olio d'oliva
|sale
1 fetta/e di pane tostato (integrale)
2 foglie di lattuga come guarnizione
|pepe di Caienna
|timo

Preparazione

Se avete una padella per friggere senza grassi, assicuratevi di usarla, preferendo usare l'olio per rivestire prima la carne. Cospargete la carne con il timo, lasciatela macerare un po' e poi friggetela nell'olio caldo per circa 10 minuti, condendola con sale e un po' di pepe di Caienna. Nel frattempo, tagliate i coperchi dei pomodori, estraete i pomodori e metteteli a testa in giù su una rastrelliera a scolare. Tritare finemente l'aglio, grattugiare il cetriolo con la buccia, mescolare entrambi con lo yogurt, condire con sale e pepe di Caienna e riempire i pomodori. Servire con pane tostato. F 7 g BE 1,5

Yogurt al cioccolato

Tempo totale circa: 2 minuti

Ingredienti

500 g|Yogurt (0,1 % di grassi), mescolato fino a renderlo cremoso
|Dolcificante, liquido
2 cucchiai di acqua calda
16 g di cacao, fortemente disoleato

Preparazione

Frullare il cacao, il dolcificante e l'acqua fino ad ottenere un composto liscio e denso. Mescolare il tutto nello yogurt con un robot da cucina. Uno yogurt al cioccolato a basso contenuto di grassi e zuccheri è pronto. Potete comprare il cacao in polvere in un negozio di alimenti naturali.

Casseruola di cavolo rapa

Tempo totale circa: 25 minuti

Ingredienti

2 cavoli medi
500 g di patate
60 g|semi di girasole
100 g|pangrattato integrale
2|cipolle
1 uovo(i)
150 g|yogurt (yogurt di latte scremato)
100 g di panna acida (10%)
100 g di formaggio (Edam, 30% di grasso sulla sostanza secca)
10 g|margarina
|prezzemolo
|Calcio, istantaneo
|Polvere di riso in polvere
|pepe

Preparazione

Tostare i semi di girasole in una padella antiaderente. Mescolate le briciole integrali con la metà del formaggio grattugiato e aggiungetele ai semi di girasole. Ora sbucciate e grattugiate le patate e il cavolo rapa. Sbucciare e tagliare a dadini la cipolla e soffriggerla in una padella. Poi mescolare con le patate grattugiate e il cavolo rapa. Aggiungere il formaggio rimanente e condire a piacere. Mescolare lo yogurt con la panna e l'uovo. Ora mettete il composto di verdure in una pirofila e versateci sopra il composto di yogurt. Infine, spargete sopra il composto di pane grattugiato. Cuocete in forno preriscaldato a 200°C per circa 30-40 minuti fino a quando la casseruola sarà bella croccante.

Sedano al forno

Tempo totale circa: 35 minuti

Ingredienti

3|filetti di acciughe
2 sedani
1 cipolla piccola
2|piccolo/i spicchio/i d'aglio
3 cucchiai di olio d'oliva
50 g di farina
500 ml|latte
75 g di formaggio (Gruyére)
½|limone/i, biologico/i, di cui la scorza
|pepe bianco
| noce moscata, grattugiata
|sale

Preparazione

Sciacquare i filetti d'acciuga, tritare. Pulire il sedano, lavarlo, dividerlo in gambi, tagliarlo a metà. Mettere il verde da parte. Cuocere il sedano in acqua salata per circa 10 minuti. Sbucciare la cipolla e l'aglio, tritare, soffriggere in olio d'oliva in una pentola fino a quando non sono traslucidi. Mescolare la farina, aggiungere le acciughe, soffriggere brevemente. Deglassare con il latte, cuocere a fuoco lento per 5 minuti mescolando. Preriscaldare il forno a 200 gradi. Grattugiare il formaggio. Condire la salsa di acciughe con sale, pepe, noce moscata e scorza di limone. Distribuire i bastoncini di sedano in un piatto da gratin. Versare la salsa su di essi. Cospargere di formaggio, cuocere in forno per circa 15 minuti fino a doratura. Cospargere con le cime di sedano tritate, se lo si desidera, e servire immediatamente.

Gnocchi di spinaci veloci

Tempo totale circa: 10 minuti

Ingredienti

250 g di quark magro
2 uova
100 g di fiocchi d'avena
200 g di spinaci
a piacere|aglio
|sale e pepe
|acqua (acqua salata)

Preparazione

Mescolare bene tutti gli ingredienti e lasciare riposare per cinque minuti. Poi formare quattro gnocchi e lasciarli in infusione in acqua bollente salata per circa 20-30 minuti.

Zuppa greca di verdure

Tempo totale circa: 50 minuti

Ingredienti

4|patate
2|cipolla(e)
4|carote

2 spicchio/i d'aglio
1 gambo/i di porro
3 gambo/i di sedano
4 piccole zucchine
4|pomodori, pelati
130 ml|di olio d'oliva
un po' di|sale e pepe
2 litri|di brodo vegetale
|prezzemolo tritato
un po' di succo di limone
eventualmente|formaggio feta

Preparazione

Sbucciare e tritare finemente aglio e cipolle. Sbucciare, pulire e tagliare a dadini carote, patate, porri e sedano. Affettare le zucchine e tagliare a dadini i pomodori pelati. In olio d'oliva caldo, far sudare le cipolle con l'aglio fino a quando sono traslucide, aggiungere tutte le verdure e soffriggere brevemente. Condire e aggiungere il brodo. Far sobbollire dolcemente fino a quando le verdure sono cotte. Condire con il succo di limone e le spezie, aggiungere il prezzemolo. Servire cosparso di feta, se desiderato.

Casseruola di verdure con formaggio morbido Romadur

Tempo totale circa: 25 minuti

Ingredienti

300 g di cavolfiore
300 g di broccoli
|sale
4|pomodori
100 g di formaggio (Romadur - formaggio morbido, 20% di grasso)
2 uova
5 cucchiai di crema di caffè (10%)

|peperoncino in polvere
1 cucchiaino di olio (olio d'oliva), per lo stampo
|noce moscata
|sale

Preparazione

Pulire il cavolfiore e dividerlo in piccole cimette. Far bollire l'acqua salata, aggiungere il cavolfiore (bollire 5 minuti), aggiungere i broccoli e far bollire altri 3 minuti. Scolare le verdure e scolare. Scottate i pomodori, spellateli e togliete i semi. Tagliare i pomodori in quarti. Tagliare finemente il formaggio con la crosta. Mescolare latte, crema di caffè, uova e formaggio e condire a piacere. Mettere le verdure in una casseruola da forno e cuocere in forno preriscaldato per circa 15 minuti. Forno elettrico 200 C° Forno ventilato 150 C°.

Spaghetti alle verdure

Tempo totale circa: 15 minuti

Ingredienti

1 gambo/i di porro
1 carota/e grande/i
2 cucchiaini di olio d'oliva
1 foglia di alloro
1 pizzico(i) di timo
½ tazza|di brodo vegetale
1 cucchiaio di prezzemolo tritato
125 g di spaghetti
|acqua salata
un po' di|parmigiano, grattugiato
|sale e pepe del mulino

Preparazione

Pulire il porro, lavarlo e tagliarlo a strisce sottili. Pelare la carota, lavarla e tagliarla a strisce con un pelapatate. Cuocere gli spaghetti in abbondante acqua salata fino al dente. Soffriggere il porro e le strisce di carota in olio d'oliva, mescolando. Aggiungere la foglia di alloro e il pizzico di timo. Aggiungere il brodo e cuocere fino a quando il liquido è quasi evaporato. Condire a piacere con sale e pepe. Scolare gli spaghetti e scolarli bene. Mescolare gli spaghetti e il prezzemolo tritato con le verdure. Cospargere con il parmigiano grattugiato.

Piatto di ricotta ai lamponi anche per diabetici

Tempo totale circa: 15 minuti

Ingredienti

300 g di lamponi, congelati
500 g di quark (quark a basso contenuto di grassi)
1 limone/i
2 cucchiaini da tè colmi di zucchero vanigliato
250 ml|Cremefine per montare
|Dolcificante, (dolcificante per diabetici)

Preparazione

Sbattere la Cremefine fino a quando non si rassoda e raffreddare. Grattugiare la buccia di limone, poi spremere il limone. Mettere il quark in una ciotola, aggiungere il succo e la scorza di limone. Aggiungere lo zucchero vanigliato e mescolare il tutto. Aggiungere i lamponi scongelati. Ora addolcite come necessario. Infine, aggiungere la cremefina soda.

Budino al cioccolato con guarnizione al mandarino

Tempo totale circa: 30 minuti

Ingredienti

500 ml di latte
100 g di cioccolato fondente (min. 70% di cacao)

4 cucchiai di zucchero
2 tuorli d'uovo
40 g|amido
1 lattina|di mandarino/i
1 confezione di glassa per dolci, rossa

Preparazione

Sgocciolare i mandarini. Sbattere i tuorli d'uovo con lo zucchero, mescolare l'amido di mais con 3 cucchiai di latte. Aggiungere il cioccolato a pezzi al latte rimanente e portare a ebollizione mescolando. Mescolare la maizena, togliere dal fuoco e mescolare anche il composto di uova. Versare in bicchieri piccoli, (io uso i bicchieri alce tea light, quindi ci sono 8 porzioni), lasciando spazio per i mandarini. Lasciate raffreddare un po' il budino, poi dividete i mandarini sgocciolati in modo uniforme tra i bicchieri da budino. Preparare la glassa per torte secondo le indicazioni della confezione e spalmarla sui mandarini. Guarnito con una foglia di cioccolato, questo dessert ha un aspetto molto autunnale.

Tonno - Riso

Tempo totale circa: 20 minuti

Ingredienti

1|peperone/i rosso/i
100 g di piselli surgelati
2 spicchio/i d'aglio
2 cipolle piccole
4 cucchiaini|di olio (olio d'oliva)
100 g di riso (riso corto, riso 10 min)
200 ml|di brodo vegetale
200 g|di tonno - filetti nel proprio succo
|prezzemolo
1 cucchiaino|di succo di limone
|sale e pepe, dal mulino

Preparazione

Lasciare scongelare i piselli, lavare i peperoni, togliere i divisori e i semi e tagliarli a cubetti. Sbucciare la cipolla e lo spicchio d'aglio e tagliarli a cubetti fini. Scaldare l'olio in una pentola, soffriggervi la cipolla e l'aglio, aggiungere i cubetti di peperone e soffriggere per circa 2 minuti. Aggiungere il riso e soffriggere brevemente. Versare il brodo e aggiungere i piselli. Coprire e lasciare gonfiare a fuoco basso per circa 10 minuti. Nel frattempo, scolare il tonno e tritarlo con una forchetta. Lavare il prezzemolo, scuoterlo, togliere i gambi e tritarlo finemente. Ripiegare entrambi nel riso finito e condire con succo di limone, sale e pepe. Suggerimento: Ottimo con 2 cucchiai di aceto di vino bianco come insalata.

Stufato del lunedì

Tempo totale circa: 35 minuti

Ingredienti

200 g|Kasseler
400 g di crauti freschi
1 cipolla/e
2|spicchio(i) d'aglio
400 g di patate bollite
1 bottiglia|Cremefine
200 g|di formaggio, grattugiato
|Sale e pepe
a piacere|erbe
|olio

Preparazione

Scaldare l'olio in una padella. Tagliare la lonza di maiale, la cipolla e l'aglio in piccoli pezzi e rosolarli nella padella. Aggiungere i crauti e soffriggere. Poi mettere il composto in una pirofila. Schiacciare le patate cotte con il Cremefine fino a ridurle in poltiglia e condire con sale, pepe e le erbe. Aggiungere il formaggio grattugiato. Versare il purè sopra i crauti nella teglia e cuocere il tutto in forno caldo a 200 °C per circa 15 minuti.

Casseruola autunnale

Tempo totale circa: 20 minuti

Ingredienti

1 cipolla grande
200 g di salame, nel pezzo
1 bastoncino/i di porro
1 piccolo|cavolo piccante
3|carote
2 patate medie
1 ½ litro|di acqua
3 cucchiaini|di brodo vegetale, istantaneo
un po' di pepe
1 cucchiaino|di burro

Preparazione

Tagliare il salame a cubetti e friggerlo nel burro caldo in una pentola antiaderente. Tagliare la cipolla a cubetti, pulire le verdure, tagliarle a strisce sottili, aggiungerle alla padella e friggerle brevemente. Tagliare anche le patate a cubetti, aggiungerle alla pentola e riempire d'acqua. Aggiungere il brodo in polvere e condire con il pepe. Lasciare cuocere tutto insieme per circa 25 minuti.

Bruschetta

Tempo totale circa: 4 ore e 15 minuti

Ingredienti

1 kg di pomodori
1 aglio - cipolla o
4|love(s) d'aglio (può essere più secondo il gusto).

½ confezione di basilico, congelato o
7 foglie di basilico, fresco, tritato finemente
|Sale e pepe
5|olio d'oliva o olio da insalata

Preparazione

Tagliare i pomodori in piccoli pezzi. Metterli in una ciotola. Tritare finemente l'aglio e aggiungerlo ai pomodori con il basilico. Condire con sale e pepe. Mescolare con 4 cucchiai di olio. Lasciare marinare per almeno 4 ore. Può essere fatto il giorno prima. Allora è particolarmente buono. Si accompagna bene con pane ciabatta o panini ciabatta. Ci piace mangiarlo con cibo alla griglia.

Dopo - otto budini

Tempo totale circa: 1 ora e 20 minuti

Ingredienti

3 bustine di tè (tè alla menta piperita)
1 pacchetto|pudding in polvere (Natreen)
500 ml|acqua

Preparazione

Preparare il tè con 1/2 litro d'acqua e tre bustine di tè alla menta, lasciarlo in infusione per 10 minuti. Cuocere il budino con la polvere di budino Natreen e il tè secondo le istruzioni della confezione. Versare in pirottini e lasciare raffreddare in frigorifero.

Crema di spinaci

Tempo totale circa: 20 minuti

Ingredienti

3 tazze d'acqua, (1 tazza = 240 ml)
|Sale e zucchero per l'acqua di cottura
560 g di spinaci puliti e tritati

2 cucchiaini|di burro, mezzo grasso
2 cucchiai di farina
240 ml|latte, (latte scremato)
½|scalogno(i), grattugiato
2 cucchiai|di parmigiano, grattugiato (opzionale)
1 cucchiaio|di creme fraîche (a basso contenuto di grassi)
|pepe
|noce moscata

Preparazione

Portare ad ebollizione dell'acqua salata. Aggiungere gli spinaci e un pizzico di zucchero e cuocere a fuoco lento, coperto, per 5 minuti fino a quando gli spinaci sono appassiti; scolare bene, ancora avvolto in carta assorbente e strizzare. Mettere da parte. Sciogliere il burro semigrasso in una piccola casseruola a fuoco medio. Aggiungere la farina, mescolando costantemente, e sfrigolare per un minuto. Frullare il latte e lo scalogno grattugiato; portare a ebollizione e cuocere, mescolando costantemente, fino a quando la salsa si addensa, da 1 a 2 minuti. Aggiungere il formaggio e la creme fraiche e condire con pepe e noce moscata. Aggiungere gli spinaci alla salsa e riscaldare. Servire immediatamente. Per porzione: 91 Kcal 3 g di grassi 10 g di carboidrati 7 g di proteine 4 g di fibre

Spaghetti in casseruola

Tempo totale circa: 15 minuti

Ingredienti

400 g di spaghetti
250 g di prosciutto cotto a dadini
1 barattolo/i di pomodori, pelati
150 g|di formaggio, grattugiato
2 cucchiai|di parmigiano, grattugiato fresco
|pepe
|sale

|origano
|basilico
|burro, a scaglie
|pangrattato

Preparazione

Cuocere gli spaghetti al dente. Tritare i pomodori pelati, aggiungerli al succo e condirli bene con le spezie. Mettere 1/3 della pasta in una pirofila (possibilmente oliata), mettervi sopra metà dei pomodori, poi metà dei cubetti di prosciutto. Versare un 2° strato di pasta, coprire con i pomodori rimanenti e il prosciutto a cubetti. Finire con l'ultimo terzo della pasta. Mescolare i formaggi e metterli sopra. Cospargere di pangrattato, fiocchi di burro in cima. Cuocere in forno per circa 20 fino a quando la crosta è dorata.

Asparagi alla griglia

Tempo totale circa: 10 minuti

Ingredienti

300 g di asparagi, bianchi, pelati, calibro circa 20 mm
100 ml|vino, bianco, semisecco, per esempio Chardonnay, MT, Silvaner
|Sale e pepe, bianco
3 cucchiai|di dragoncello, tritato finemente
3 cucchiai|di olio

Preparazione

Cuocere a vapore gli asparagi bianchi accuratamente pelati, preferibilmente in modo leggero (per 7 minuti con 5 cucchiai d'acqua con il coperchio ben chiuso a 2/3 e 1/3 di apporto di calore - "metodo AMC") o precotti in acqua salata e leggermente zuccherata per 5 minuti. Marinare con vino bianco, poco sale, pepe bianco, dragoncello, per un'ora in un sacchetto. Poi grigliare su un vassoio di alluminio fino a quando gli asparagi prendono leggermente colore. Spennellare gli asparagi con olio d'oliva. Girare spesso durante questa operazione. Se il dragoncello fresco francese non è disponibile, due cucchiai di dragoncello essiccato e strofinato andranno bene. Salare con parsimonia! Non lesinare sul vino!

Prugne Mirabelle - cagliata

Tempo totale circa: 30 minuti

Ingredienti

500 g di prugne Mirabelle, fresche o dal barattolo
150 ml|succo di mela
2 cucchiai|di miele
2 cucchiaini|di amido
50 g di cioccolato (cioccolato al torrone)
125 g|di formaggio cagliato magro
250 g|latte scremato
1 pizzico di cannella

Preparazione

Lavate, dimezzate e snocciolate le mirabelle o sgocciolate i frutti dal barattolo. Mettetele in una pentola con 100 ml di succo di mela e 1 cucchiaio di miele, portate a ebollizione e fate sobbollire per 5 minuti. Mescolare l'amido con il succo di mela rimanente e aggiungere alla frutta. Portare a ebollizione mescolando, poi lasciare raffreddare. Grattugiare il cioccolato. Mescolare la cagliata con il latte inacidito, il miele rimanente, la cannella e 2/3 del cioccolato. Dividere la composta di prugne mirabelle tra i bicchieri, versarvi sopra la cagliata e cospargere con il cioccolato rimanente.

Strudel di crauti

Tempo totale circa: 20 minuti

Ingredienti

400 g di crauti, preferibilmente freschi di macelleria
1 tazza/i di brodo vegetale
|pepe, dal mulino
4|fogli di pasta (Yufka - nel negozio di alimentari turco) o nel negozio di kebab dietro l'angolo
2 cucchiaini di olio
60 g di prosciutto cotto
2 tazze di|yogurt (yogurt di latte intero)
1 cucchiaino|di senape, schafer
|prezzemolo

Preparazione

Scaldare i crauti con il brodo e il pepe nero. Spennellare le foglie di yufka con olio da un lato. Tagliare il prosciutto cotto a strisce e distribuirle sulle polpette insieme ai crauti. Arrotolare le polpette e ripiegarle. Cuocere su una teglia foderata con carta da forno in forno preriscaldato per circa 10 minuti, fino a quando saranno croccanti. Per la salsa, mescolare yogurt, senape e prezzemolo tritato, condire con sale e pepe, servire con le ciambelle.

Piatto d'insalata con lattuga d'agnello, pomodori, fragole e ananas

Tempo totale circa: 10 minuti

Ingredienti

120 g di insalata di campo
3 pomodori medi (o 6 pomodorini)
6|fragole
1 fetta di ananas
|sale e pepe
|aceto balsamico

Preparazione

Mettere una fetta di ananas al centro del piatto di insalata, tagliata in 4 pezzi uguali. Pulire la lattuga d'agnello. Le radici possono essere tagliate al gambo o rimosse completamente. Lavarla bene e metterla intorno alla fetta di ananas. Togliere il picciolo alle fragole, tagliarle in quarti e disporle sul letto di lattuga d'agnello. Tagliare i pomodori medi in ottavi o i pomodorini a metà e aggiungere anche questi. Versare l'aceto balsamico. Se non avete a disposizione l'aceto vecchio, si consiglia una riduzione balsamica (mettere il balsamico in una pentola smaltata e ridurre a fuoco basso). Aggiungere sale e pepe. Niente olio! La disposizione è in realtà arbitraria - l'importante è che sia piacevole. Le quantità sono variabili.

Fresco e caldo

Tempo totale circa: 10 minuti

Ingredienti

4 arance senza semi
2 cucchiai|dolcificante, (sucralosio, granuli)
1 cucchiaio|di succo di limone
¼ di cucchiaino di cannella
300 g di lamponi, congelati (senza zucchero), NON scongelati

Preparazione

Con un coltello affilato, togliete la buccia e la buccia bianca sottostante dalle arance, tagliatele a fette in senso trasversale e disponetele su piatti da dessert. Mettere i granuli di sucralosio, il succo di limone e la cannella in una piccola casseruola e portare a ebollizione a fuoco moderato, mescolando. Mescolare le bacche, mescolando delicatamente solo fino a quando le bacche sono leggermente scongelate ma non completamente scongelate. Versare sulle fette di arancia e servire immediatamente. Per porzione: 122 Kcal 0 g di grassi 30 g di carboidrati 2 g di proteine 5 g di fibre

Brasato di verdure

Tempo totale circa: 40 minuti

Ingredienti

1|carota(e)
125 g di broccoli
1 pezzo(i) di zenzero, pelato
3|uova(e), bollita(e)
1 peperone rosso
1 barattolo piccolo di pannocchie di mais (circa 125 g)
1 barattolo piccolo di asparagi (circa 125 g)
|sale e pepe, un pizzico di zucchero
|gelatina di maiale (kietchen), oppure
2 fogli|gelatina, o agar-agar

Preparazione

Sbucciare e tagliare la carota e lo zenzero in piccoli e bei pezzi e farli bollire in acqua salata con un pizzico di zucchero. Dividere i broccoli in cimette e cuocerli al dente, sciacquarli in acqua fredda per mantenerli belli e verdi. Far bollire le uova e sbucciarle. Tagliare i peperoncini in piccoli pezzi. Scolare il mais e gli asparagi. Preparare uno stampo e foderarlo con la pellicola. Scaldare il brodo di gelatina e condire, o sciogliere i fogli di gelatina come indicato e condire. Tagliare un uovo a fette, gli altri due vanno interi. Stratificare le verdure in ordine con le uova. Mescolatele in modo che abbia un bell'aspetto. Versare la gelatina sopra in modo che tutto sia coperto e lasciare raffreddare. Poi mettete in frigo in modo che l'aspic sia bello sodo.

Cosce di pollo a la tagine (senza tagine)

Tempo totale circa: 20 minuti

Ingredienti

600 g di cosce di pollo senza pelle e ossa
1 cucchiaino di olio extravergine d'oliva
240 ml|di brodo di pollo

60 ml|aceto, (aceto di vino rosso)
¼ di tazza di olive, verdi, senza nocciolo (1 tazza = 240 ml)
¼ di tazza di prugne (prugne secche), tritate (1 tazza = 240 ml)
|Pepe, pepe nero appena macinato

Preparazione

Asciugare il pollo. In una grande padella rivestita, scaldare l'olio a fuoco medio-alto. Rosolare il pollo, circa 2 minuti per lato. Versare con cura il brodo e l'aceto (splash!), mescolando per portare a ebollizione. Aggiungere le olive, le prugne secche e il pepe appena macinato e girare la fiamma al minimo. Mettere il coperchio sulla padella e cuocere a fuoco lento nella salsa per circa 12-15 minuti, fino a quando le cosce sono teneri e non mostra rosa sull'osso quando uno è tagliato. Servire con la salsa. Naturalmente, questo piatto è ottimo servito con il couscous. Per porzione: 224 Kcal 8 g di grassi 7 g di carboidrati 29 g di proteine 1 g di fibre

Carne di riso serbo

Tempo totale circa: 30 minuti

Ingredienti

150 g|di maiale, magro (schiena)
50 g|Pepe(i) verde(i)
100 g|Pomodoro/i
30 g di porro
1 cucchiaio|di cipolla(e), tagliata(e) a dadini
1 cucchiaio|di olio
150 g di riso cotto
100 ml|acqua

Preparazione

Tagliare i peperoni e i porri a strisce sottili, e tagliare la carne e i pomodori a pezzetti. Soffriggere la carne nell'olio, poi aggiungere i peperoni e i porri. Riempire con acqua (eventualmente brodo istantaneo) e condire con sale, pepe e paprika. Cuocere fino a quando la carne e le verdure sono tenere. Poi aggiungere i pomodori e lasciarli cuocere a fuoco lento per altri 5 minuti. Poi unire il riso e servire caldo. circa 34 g di proteine circa 9 g di grassi circa 3 BE (verdure non imputabili circa 0,5 BE)

Lattuga iceberg con condimento

Tempo totale circa: 25 minuti

Ingredienti

1 cespo di lattuga iceberg
1 grande|carota(e)
5|noci
½|peperoni
4 cucchiai di miele (miele di bosco)
1|limone(i), il succo
1 cucchiaino di aceto (di sambuco)
2 cucchiai|di olio, (olio vergine di colza)
|olio di semi di zucca, per la decorazione
|sale e pepe, bianco

Preparazione

Togliere le foglie appassite dalla lattuga iceberg e tagliarla a pezzetti. Per il condimento, sbucciare e tritare le noci. Poi mettetele in una ciotola. Pulire e raschiare le carote e grattugiarle in piccoli bastoncini e metterle in un contenitore/coppa. Togliere i semi da metà dei peperoncini e tagliarli o tritarli in pezzi molto piccoli e aggiungere anche questi. Aggiungere il miele, il succo del limone e l'aceto e condire a piacere. Aggiungere l'olio di canola, un po' di sale e pepe e mescolare bene. Ora mescolate il condimento con la lattuga iceberg e aggiungete qualche goccia di olio di semi di zucca come decorazione. L'insalata si sposa bene con un menu di festa.

Insalata di rucola con funghi

Tempo totale circa: 15 minuti

Ingredienti

2 mazzi di rucola
2 cucchiai|di aceto balsamico
2 cucchiai di olio d'oliva
|sale e pepe
½ cucchiaino|di pepe in polvere, dolce
100 g di funghi champignon freschi
1 spicchio d'aglio
1|cipolla(e)
3|peperoni rossi, gialli e verdi

Preparazione

Lavare, pulire e tritare grossolanamente la rucola. Mescolare l'aceto balsamico, 1 cucchiaio di olio d'oliva, sale, pepe e paprika in polvere, aggiungere alla rucola. Strofinare i funghi con carta da cucina, tagliarli a fette. Sbucciare le cipolle e l'aglio, tritare finemente. Soffriggere in 1 cucchiaio di olio d'oliva fino a quando non diventa traslucido. Lavare i peperoni, rimuovere i semi e le bucce interne e tagliarli a cubetti. Aggiungere all'insalata di rucola con la cipolla, l'aglio e i funghi e mescolare il tutto con cura e accuratamente.

Composta di mele

Tempo totale circa: 2 ore e 30 minuti

Ingredienti

½ litro di succo di mela (succo diretto)
50 g di miele
50 g di zenzero
1|limone/i, non trattato/i, succo e scorza

1 bastoncino/i di cannella
1 kg|di mele, crostata
|uvetta (a piacere)

Preparazione

Bollire il succo di mela con il miele, la radice di zenzero sbucciata e grattugiata, la scorza di limone, il succo di limone e la stecca di cannella. Aggiungere le mele sbucciate e affettate e l'uvetta e far bollire il tutto per 2-3 minuti. Togliere le mele con un cucchiaio forato e metterle in un bicchiere preriscaldato (70°C). Togliere la buccia di limone e la stecca di cannella dal liquido, farlo bollire di nuovo e versarlo sulle fette di mela fino a riempire il barattolo fino all'orlo. Sigillare il barattolo e lasciare raffreddare.

Zuppa di asparagi con gnocchetti di salsiccia della Turingia

Tempo totale circa: 40 minuti

Ingredienti

2 pezzo(i) di salsiccia, fine Turingia o altro
2 cipolle di media grandezza
150 g di asparagi verdi
150 g di asparagi, bianchi ed eventualmente le bucce
2 ½ cucchiai|di grasso di burro
2 ½ cucchiai|di farina
125 ml|di panna dolce
2 tuorli
1 cucchiaio di erba cipollina
1 cucchiaio di timo, fresco o anche secco
250 ml|latte
1 litro e mezzo di|asparago - acqua di cottura
1 pizzico(i) di sale e pepe
|brodo vegetale istantaneo
|zucchero
|noce moscata

Preparazione

Pelare gli asparagi verdi e bianchi e usare le bucce del giorno prima, se le avete e se vi piace. Portare a ebollizione 1,5 litri d'acqua e cuocere gli asparagi, tagliati a pezzetti e puliti, con sale, zucchero e latte. Togliete le bucce e buttatele via e togliete i pezzi cotti e metteteli da parte per il momento. Sbucciare le cipolle a parte, tagliarle a dadini e soffriggerle leggermente nel burro chiarificato, legarle con la farina e aggiungere un mestolo del brodo di asparagi. Poi aggiungere tutto nella pentola e condire leggermente con la noce moscata. Spremere la carne di salsiccia dalle interiora, metterla in una ciotola e mescolarla con l'erba cipollina e il timo. Questo non ha bisogno di ulteriore condimento, perché è già condito. Poi tagliare gli gnocchi con due cucchiaini e aggiungerli alla zuppa. Lasciare riposare gli gnocchi per circa 4 minuti. Aggiungere gli asparagi alla zuppa e portare a ebollizione. Ora mescolare la panna con i tuorli d'uovo e mescolare rapidamente nella zuppa. Questo dovrebbe essere tolto dal fuoco. Decorare con erba cipollina e/o timo e servire.

Fagiolini come in Oregon

Tempo totale circa: 20 minuti

Ingredienti

450 g|fagiolini puliti
|Sale e zucchero per l'acqua di cottura
2 cucchiaini di olio extravergine d'oliva (o olio di nocciole)
2 cucchiai di nocciole tritate
|Sale e pepe

Preparazione

Cuocere i fagioli in acqua bollente salata (con un pizzico di zucchero) fino a quando sono teneri e croccanti: circa 7 minuti. Dovrebbero mantenere il loro colore. Scolare. Scaldare l'olio in una grande padella rivestita a fuoco dolce.

Aggiungere le noci e cuocere, mescolando, fino a doratura, 1 minuto. Aggiungere i fagioli e saltarli nell'olio di noci. Condire a piacere con sale e pepe. Per porzione: 104 Kcal 6 g di grassi 11 g di carboidrati 3 g di proteine 7 g di fibre

Porridge di semolino

Tempo totale circa: 10 minuti

Ingredienti

400 ml|latte di soia (bevanda di soia) senza zucchero aggiunto e sale
200 ml|acqua
50 g di grana (semola di farro integrale biologica)
1 pizzico(i) di sale
1 dash|dolcificante (stevia), liquido, dosare con attenzione!
2 g di farina di carruba per legare
1 bustina di cacao in polvere (cioccolato alimentare dietetico, bustina da 19,5 g)
1 pizzico(i) di cannella in polvere
1 tazza di marmellata (marmellata dietetica, porzione di tazza con 20 g)
1 mela di medie dimensioni

Preparazione

Sciogliere la farina di semi di carruba in acqua fredda e scaldarla in una pentola insieme al latte di soia. Aggiungere il pizzico di sale e il semolino nella pentola, mescolando costantemente con una frusta. Dolcificare con stevia liquida a piacere. In alternativa, versare la stevia in polvere nel porridge di semolino senza fare grumi. Cuocere il porridge di semolino a fuoco basso, mescolando costantemente, per circa 5 minuti. Quando notate che il porridge di semolino comincia ad irrigidirsi, togliete il porridge dal fuoco. Attenzione: Non lasciatelo bollire! Godetevi il porridge di semolino caldo o freddo. Questa ricetta di base senza altri ingredienti ha 4 BE. Aggiunte e guarnizioni:

Mescolare cacao in polvere e cannella a piacere, cospargere sul porridge di semolino o piegare nel porridge. Io stesso ho usato solo una parte come decorazione per il porridge di semolino, il resto l'ho infuso con acqua calda e bevuto. (0,7 BE) Preparare la frutta o la composta a piacere e servirla come contorno. Per esempio, 1 mela (1 BE) o 1 tazza di marmellata dietetica (0,8 BE) come sostituto della composta. Ulteriori suggerimenti e informazioni: La farina di semi di carruba e l'acqua possono essere omessi. Questo è solo un piccolo trucco per ottenere più volume. Se non conosci il dolcificante Stevia, puoi informarti sul WWW. All'inizio, aggiungete sempre una piccola quantità di stevia al porridge di semolino, assaggiate e addolcite come necessario. Non usare troppa stevia! Questo può dare al piatto un sapore amaro! In alternativa, la stevia può essere sostituita da 3 cucchiai di zucchero, ma allora il valore BE dato per questa ricetta non è più corretto. Io calcolo i valori BE come segue: 10 g di carboidrati = 1 BE. La ricetta di base produce poco più di 400 g di porridge di semolino, cioè 100 g di porridge di semolino sono circa 1 BE e contengono quindi circa 40 g di carboidrati.

Insalata di carote all'aneto

Tempo totale circa: 30 minuti

Ingredienti

2 cucchiai di succo di limone
2 cucchiai di olio extravergine d'oliva
1 piccolo|spicchio d'aglio, tritato finemente
|Sale e pepe
4 carote medie, grattugiate
3 cucchiai di aneto fresco tritato
2 cucchiai di cipolla(e) primaverile(i), tritata

Preparazione

Preparare la marinata: Sbattere insieme il succo di limone, l'olio, l'aglio, il sale e il pepe in una ciotola media. Mescolare i restanti ingredienti con una mano leggera. Può stare in frigorifero fino a 2 giorni. Ottimo anche come contorno al panino al tonno! Per porzione: 90 Kcal 7 g di grassi 6 g di carboidrati 1 g di proteine

Ricotta cremosa alla vaniglia con composta di mele

Tempo totale circa: 2 ore e 45 minuti

Ingredienti

4 mele grandi
150 ml|succo di mela
|aroma di vaniglia al burro
250 ml|latte
1 pacchetto|pudding in polvere, aroma di vaniglia
250 g|Quark (quark magro)
250 g|Yogurt, a basso contenuto di grassi
|zucchero o dolcificante
100 g|noci, tritate

Preparazione

Sbucciare le mele, togliere il torsolo e tagliarle a dadini. Mettetele in una pentola e versateci sopra il succo di mela. Stufare le mele fino a quando sono morbide. Addolcire un po' con dolcificante o zucchero se si desidera e aromatizzare con aroma di vaniglia (io ho usato l'estratto di vaniglia). Cuocere il budino con 250ml di latte e senza zucchero secondo le indicazioni del pacchetto. Mescolare vigorosamente mentre lo si fa. Mettere da parte a raffreddare, mescolando di tanto in tanto per evitare che si formi una pelle. Montare vigorosamente la cagliata con lo yogurt con un mixer a mano. Aggiungere il budino e continuare a battere vigorosamente. Aggiungere dolcificante o zucchero a piacere. Ora stratificare. In primo luogo, spalmare metà della crema di cagliata su 4 ciotole. Poi spalmare 3/4 della composta sopra. Cospargere le noci tritate, lasciandone qualcuna per la decorazione. Poi, sopra con la crema di ricotta rimanente e mettere un altro cucchiaio di composta al centro. Guarnire con le noci. Mettere in frigo per almeno 2 ore.

Raita di cetrioli

Tempo totale circa: 15 minuti

Ingredienti

2|cetrioli
2 cucchiai di sale
1 cipolla media
500 ml|kefir
|Sale e pepe
|cumino, (cumino) a piacere
|succo di limone, o succo di lime a piacere
1 cucchiaino di zucchero
|peperoncino in polvere

Preparazione

Per la raita, sbucciare i cetrioli, tagliarli a metà, togliere i torsoli, grattugiarli e metterli a bagno nel sale per almeno 30 minuti. Spremere o scolare i cetrioli, aggiungere la cipolla tagliata finemente, riempire con il kefir e condire a piacere. Il cumino e il peperoncino dovrebbero essere usati. Lo zucchero e il succo di limone possono essere usati per bilanciare l'acidità e la dolcezza. Variazione: Lo yogurt può essere usato al posto del kefir. Il cumino può essere sostituito da polvere di coriandolo o semi di cumino.

Verdure alla rucola e melanzane

Tempo totale circa: 20 minuti

Ingredienti

700 g di melanzane tagliate a cubetti
250 g di rucola
1 peperoncino/i piccolo/i, tagliato/i a strisce sottili

2 spicchio/i d'aglio
1 cucchiaino|di polpa di pomodoro
2 cucchiai di olio d'oliva
200 ml|di brodo vegetale, forte
4 rametti di rosmarino, tritati finemente
un po' di|sale e pepe del mulino

Preparazione

Tagliare le melanzane a cubetti di circa 1 - 2 cm. Soffriggere la passata di pomodoro nell'olio in una padella. Aggiungere le melanzane tagliate a dadini, l'aglio, il rosmarino tritato e le strisce di peperoncino e soffriggere. Deglassare con il brodo e cuocere a fuoco lento per circa 5 minuti. Aggiungere la rucola e stufare coperto per circa 2 minuti. Condire le verdure con sale e pepe. Infine, versare qualche goccia di olio d'oliva sopra.

Tonno - Festa

Tempo totale circa: 30 minuti

Ingredienti

8 fette di pane (pane misto)
2 scatoletta/e di tonno
1 cipolla/e media/e
1 pomodoro/i medio/i
200 g di formaggio
un po' di sale e pepe

Preparazione

Tagliare la cipolla, il pomodoro e il formaggio a fette in piccoli cubetti. Mescolare il tutto in una ciotola con il tonno e condire con sale e pepe. Spalmare questa insalata sulle fette di pane e cuocere in forno preriscaldato a 200 °C per circa 20 minuti. Servire con un'insalata colorata.

Zuppa di patate non farinosa e

senza salsiccia e carne

Tempo totale circa: 15 minuti

Ingredienti

3 patate grandi, cottura farinosa
1 carota grande
1|broccolo, con verde e gambo
4 foglie di cavolo rapa
1 foglia di salvia, erba Maggi
1 litro|di brodo vegetale, di brodo granulare & acqua
1 bulbo/i di cipolla
5 cucchiai|di olio di canola
|erba cipollina, in rotoli
|sale
|cumino
|maggiorana

Preparazione

Lavate, sbucciate e tagliate le patate. Anche i broccoli e le carote. Poi tritare le foglie del cavolo rapa e il cavolo Maggi. Sbucciare e tagliare a dadini la cipolla e scaldarla con l'olio in una pentola e soffriggerla. Non soffriggere fino a doratura. Poi aggiungere l'acqua con la pasta di brodo vegetale appropriata e aggiungere gli ingredienti preparati, come patate, carote e broccoli. Anche le foglie tagliate in piccoli pezzi. Condire il tutto con un po' di sale, cumino e un po' di maggiorana e cuocere a fuoco lento per circa un'ora fino a quando le verdure sono morbide. La zuppa non è densa e solo un po' cremosa, quindi a pezzi interi. Infine, cospargere i rotolini di erba cipollina finemente tritati e servire, al posto del prezzemolo. È un'ottima zuppa di riempimento in estate perché non è pesante e pesante come la carne.

Scorfano in pergamena

Tempo totale circa: 10 minuti

Ingredienti

800 g di filetto di scorfano
1 mazzo|di dragoncello, tritato
1|limone(i) biologico(i), affettato(i)
2|scalogno/i, tagliato/i a dadini
2 cucchiai|di capperi, tritati grossolanamente
250 g di pomodori da cocktail, in quarti
1|sale e pepe

Preparazione

Preriscaldare il forno a 200°C. Dividere lo scorfano in quattro porzioni e condirlo. Mettete 4 fogli di carta da forno per pacchetto uno sopra l'altro, mettete il pesce al centro e distribuitevi sopra tutti gli ingredienti preparati. Sigillare i pacchetti (io uso delle mollette di legno per questo). Mettete su una teglia e infornate per 15 minuti.

Carote fresche con mandorle

Tempo totale circa: 15 minuti

Ingredienti

3 cucchiai di mandorle pelate
150 g|di yogurt naturale a basso contenuto di grassi
1 cucchiaio|di succo di limone
¼ di cucchiaino di sale marino e pepe macinato
½ mazzo|di balsamo di limone
300 g di carote
1|mela, crostata

Preparazione

Per il condimento dell'insalata, macinare finemente 2 cucchiai di mandorle in un tritatutto. Mescolare bene le mandorle macinate con lo yogurt e il succo di limone. Condire la salsa con sale e pepe. Lavare la melissa e scuoterla per asciugarla, staccare le foglie dai gambi. Mettete da parte qualche foglia per la decorazione, tritate il resto o tagliate a strisce sottili e mescolate nel condimento dell'insalata. Pulire e pelare le carote, grattugiarle grossolanamente su una grattugia per verdure e mescolarle bene con il condimento dell'insalata. Lavare, dividere in quarti e togliere il torsolo alla mela. Se si desidera, sbucciare, grattugiare grossolanamente e aggiungere all'insalata. Tritare grossolanamente le mandorle rimanenti. Arrostire in una padella rivestita, senza grasso, fino a doratura chiara. Servire l'insalata guarnita con le mandorle e le foglie di melissa. Suggerimento: si può anche friggere una piccola scaloppina di tacchino in un po' d'olio, condirla con sale e pepe del mulino e servirla con essa. Per porzione: calorie: 100, proteine: 4 g, grassi: 5 g, carboidrati: 10 g.

Bistecca di tacchino con salsa piccante di albicocche

Tempo totale circa: 35 minuti

Ingredienti

10 piccole|carote con verdure
3 cipolle piccole
40 g di burro (burro dietetico)
1 cucchiaino di farina
100 ml|vino bianco
1 cucchiaino|di polvere di riso
½ cucchiaino|di sambal oelek
1 cucchiaio|di salsa di soia
2 cucchiai di marmellata (dietetica - albicocca)
2 cotolette di tacchino da circa 120 g
1|uovo/i
2 fette di formaggio
2 cucchiai di prezzemolo tritato
|sale e pepe

Preparazione

Pulire le carote, lasciando un pezzo di verde. Togliere o lavare la sabbia tra il verde e le carote con un coltellino. Cuocere in acqua salata per circa 10 minuti fino a quando sono sode al morso. Per la salsa, sbucciare e tagliare finemente le cipolle. Soffriggere in 20 g di burro dietetico fino a quando sono traslucide e spolverare con la farina. Mescolare bene. Non appena la farina ha preso colore, deglassare con il vino bianco. Condire con polvere di curry, sambal oelek e salsa di soia. Cuocere per 5 minuti e poi mescolare con la crema di frutta. Appiattire le cotolette di tacchino e condire con sale e pepe. Sbattere l'uovo e passarlo nelle cotolette. Friggere nel restante burro dietetico fuso in una padella antiaderente fino a doratura. Mettere in una pirofila, mettere sopra le fette di formaggio e cuocere brevemente sotto il grill preriscaldato a 250°C. Disporre su due piatti. Versare la salsa tutt'intorno, mettere le carote accanto, cospargere di prezzemolo e servire. Si accompagna molto bene con il riso integrale.

Padella di patate e cavolfiore arrosto alla Zaubergaum

Tempo totale circa: 50 minuti

Ingredienti

600 g di patate bollite sode
1 testa di cavolfiore fresco
4 cipolle
8 cl|di olio di canola
1 cucchiaino|di sale
1 cucchiaino|di pepe in polvere, dolce
|pepe, dal mulino
1 mazzo|di maggiorana, fresco

Preparazione

Sbucciare le patate crude, pelare le cipolle, pulire il cavolfiore, rompere le piccole rosette. Tagliare le patate e le cipolle a fette. Mettere l'olio di canola in una padella, friggere patate e cipolle fino a doratura, condire con sale, paprika, peperone. Aggiungere il cavolfiore e finire di friggere fino a quando tutto è cotto al dente. Infine, tritare la maggiorana e incorporarla.

Burgys Pomodoro - Zucchine - Insalata

Tempo totale circa: 2 ore e 30 minuti

Ingredienti

10 pomodori medi
2 zucchine piccole
1 cipolla grande
1 cucchiaio di|erbe secche
un po' di sale e pepe
2 cucchiai di olio

Preparazione

Lavare e affettare i pomodori e metterli in una ciotola. Lavare e affettare le zucchine e aggiungerle ai pomodori. Tagliare la cipolla a piccoli cubetti e aggiungerla ai pomodori. Aggiungere le erbe da insalata, il sale, il pepe e l'olio. Mescolare bene il tutto e mettere in frigo per circa 2 ore. Una fetta di pane integrale con crema di formaggio è una delizia con questa insalata.

Asparagi in crosta di erbe

Tempo totale circa: 45 minuti

Ingredienti

4 lance|asparagi, asparagi chiari di medio spessore o altro
3 manciate|Giersch, fresco, giovane
8 foglie|aglio di orso
½ manciata di cerfoglio
1 manciata di cecio, fresco, succoso, giovane
125 g di burro

1 cucchiaio|di pane grattugiato
|sale e pepe
|acqua, se necessario
1 pizzico(i) di zucchero

Preparazione

Sbucciate gli asparagi freschi e fateli bollire coperti d'acqua, salata e con l'aggiunta del pizzico di zucchero, fino a quando saranno morbidi, circa 10 minuti. Si può anche aggiungere del burro o del latte all'acqua. Lavate tutte le erbe e le erbe selvatiche, pulitele se necessario e fatele asciugare. Rimuovere le radici di ceci. Poi soffriggere le erbe nel burro caldo, non friggere. Condire con sale e pepe e aggiungere il pangrattato. Potete anche non aggiungerlo. Disporre tutto bene sul piatto e cospargere le erbe sopra gli asparagi.

Lenticchie brasate con verdure

Tempo totale circa: 10 minuti

Ingredienti

250 g di lenticchie rosse
600 ml di brodo di verdure
1 cipolla (o cipolle) rossa
2|spicchio/i d'aglio
2 gambo/i di sedano
1|carota(e) grande(i)
1 patata/e
1 pomodoro(i)
1 cucchiaio di salvia, appena tritata
1 cucchiaino|di aceto
|Sale e pepe
|olio d'oliva

Preparazione

Portare a ebollizione le lenticchie rosse in una pentola con il brodo e cuocere per 10 minuti. Sbucciare e tritare la cipolla e gli spicchi d'aglio. Pulire, lavare e tagliare il sedano ad anelli. Sbucciare e tagliare a dadini la carota e la patata. Lavate il pomodoro, togliete il gambo e tagliatelo a pezzetti. Scaldare 2 cucchiai di olio d'oliva in una pentola e soffriggere le verdure con la salvia. Aggiungere le lenticchie e cuocere coperto per altri 10 minuti a bassa temperatura. Condire a piacere con sale, pepe e aceto.

Patate arrosto con salsa di tonno

Tempo totale circa: 30 minuti

Ingredienti

1,2 kg|di patate, nuove
3 scatoletta/e di tonno nel proprio succo
(150 g di peso sgocciolato)
1 limone/i, non trattato/i
300 g di yogurt naturale a basso contenuto di grassi
4 cucchiai|di maionese, (maionese per insalata)
|sale marino
|pepe del mulino
3 cucchiai|di capperi
½ mazzo di prezzemolo
1 cucchiaio|di burro
2 cucchiai di olio d'oliva

Preparazione

Lavare bene le patate sotto l'acqua corrente e spazzolare se necessario. Cuocere con la buccia in poca acqua, coperte, per circa 25 minuti. Poi scolare in uno scolapasta, sgocciolare bene, rimettere nella pentola e tenere al caldo coperto. Nel frattempo, scolare il tonno in un colino e lasciarlo scolare un po'. Lavare il limone mentre è caldo e asciugarlo con un panno da cucina. Grattugiare finemente la scorza e spremere il limone. Mescolare lo yogurt con la maionese e il succo del limone in una ciotola fino ad ottenere un composto omogeneo. Rompere un po' il tonno con una forchetta e mescolarlo. Condire la salsa con sale e pepe, poi aggiungere i capperi. Lavare il prezzemolo e scuoterlo per bene. Staccate qualche foglia per la decorazione e mettete da parte, tritate grossolanamente il resto. Scaldare l'olio e il burro in una padella e friggere brevemente le patate tutt'intorno. Infine, aggiungere la scorza di limone grattugiata e il prezzemolo tritato. Condire le patate con sale e pepe. Servire le patate al prezzemolo con la salsa di tonno. Se si desidera, aggiungere spicchi di limone e servire guarnito con foglie di prezzemolo. Suggerimento: La salsa è ottima anche su fette di pane tostato! Se la volete un po' più cremosa, dovreste ridurla in purea, ma prima di aggiungere i capperi. Per porzione: calorie: 473, proteine: 39 g, grassi: 15 g, carboidrati: 43 g.

Mousse di semolino con mirtilli

Tempo totale circa: 20 minuti

Ingredienti

185 ml|mirtilli dal barattolo
|dolcificante
1 uovo/i grande/i
20 g|di grano (integrale)
1 pizzico(i) di sale
250 ml|latte 3,5% di grassi
un po' di balsamo di limone per la decorazione

Preparazione

Portare a ebollizione il latte e il sale. Mescolare il semolino e lasciarlo gonfiare a fuoco basso per 3-4 minuti. Separare l'uovo. Sbattere il tuorlo dell'uovo e mescolarlo al semolino. Aggiungere il dolcificante a piacere. Montare gli albumi a neve e incorporarli. Servire la mousse di semolino. Versare i mirtilli con il succo sopra. Guarnire con melissa, se si desidera. Tempo di preparazione: circa 3 BE, 34 g di carboidrati, 14 g di grassi, 17 g di proteine

Peperoni ripieni con foglie di spinaci e formaggio feta

Tempo totale circa: 25 minuti

Ingredienti

150 g di spinaci in foglie (congelati)
1|peperoni rossi, circa 200 g
150 g di pomodori maturi o in scatola
25 g di cipolla/e, tagliata finemente a dadini
1 spicchio/i d'aglio, tritato finemente
¼ di cucchiaino di timo, secco
|Sale e pepe
100 g di formaggio Feta (formaggio di pecora)
1 uovo/i
1 pizzico di noce moscata
25 g|di formaggio Feta (formaggio di pecora) per spolverare
a piacere|basilico, fresco, tritato

Preparazione

Scongelare gli spinaci. Togliete il gambo al peperone lavato, tagliate il baccello a metà e rimuovete le pellicine bianche interne e i semi. Pre-cuocere le metà di peperone in una piccola pentola per 3 - 5 minuti. Se si desidera, immergere brevemente i pomodori freschi in acqua bollente e la buccia, tritare e mettere in una piccola pirofila con 2 cucchiai di acqua e la cipolla e l'aglio tagliati a dadini. Salare, pepare e mescolare con il timo. Per il ripieno, mescolare bene con una forchetta gli spinaci, il formaggio feta sbriciolato e l'uovo, salare leggermente, pepare e aggiungere la noce moscata. Riempire il composto nei baccelli e cospargere con il restante formaggio feta sbriciolato. Cuocere in forno preriscaldato a 200°C (forno a convezione 170°C) per circa 15 minuti, fino a quando il formaggio non diventa marrone in cima. Prima di servire, cospargere con basilico fresco tritato, se lo si desidera. Servire con riso, purè di patate, pasta o pane tostato - una deliziosa cena a basso contenuto di carboidrati senza alcun contorno.

Insalata di agnello con pinoli

Tempo totale circa: 10 minuti

Ingredienti

|Lattuga d'agnello
|Pinoli
|Olio (olio d'oliva)
|aceto balsamico

Preparazione

Condire la lattuga d'agnello con un semplice condimento di olio e aceto, condire. Aggiungere i pinoli. Se volete, aggiungete una cipolla tritata finemente.

Cannella - Brandy - Pollo

Tempo totale circa: 8 ore 10 minuti

Ingredienti

⅛ litro|di brandy
1 cucchiaino|di cannella
4 cucchiai|di miele
⅛ litro|succo di limone
⅛ litro|succo d'arancia
4 spicchio/i d'aglio, tritato/i
1 cucchiaino|di sale
½ cucchiaino|di pepe, nero, appena macinato
1|pollo, 1,5 - 2 kg, tagliato a pezzi
2 cucchiai di olio vegetale

Preparazione

Mescolare brandy, cannella, miele, succo di limone, succo d'arancia, aglio, sale e pepe in una ciotola. Aggiungere i pezzi di pollo alla marinata e coprire con essa. Mettere in frigo la carne per almeno 8 ore. Preriscaldare il forno a 200°. Togliere la carne dalla marinata, scolare, riservando la marinata. Far bollire la marinata per circa 10 min. finché si addensa. Scaldare l'olio in una pirofila e friggervi i pezzi di pollo fino a doratura dappertutto. Aggiungere la marinata e arrostire in forno per altri 20 min. Servire con riso o baguette e insalata.

Prosciutto - Zucchine

Tempo totale circa: 35 minuti

Ingredienti

3 zucchine di media grandezza (circa 250 g ciascuna)
50 g di prosciutto cotto
½ mazzo di erbe miste
1 cucchiaino di olio d'oliva
|sale e pepe
50 g di mozzarella

Preparazione

Lavare le zucchine, togliere i fiori e la parte finale del gambo. Tagliare 2 zucchine a metà nel senso della lunghezza e raschiare i semi con un cucchiaio. Tagliare 1 zucchina e il prosciutto a cubetti. Sciacquare le erbe, asciugarle e tritarle finemente. Tagliare la mozzarella a fette sottili. Preriscaldare il forno a 180°C. Scaldare l'olio in una padella e soffriggervi i cubetti di prosciutto. Aggiungere i cubetti di zucchina e soffriggere brevemente. Condire con sale e pepe e aggiungere le erbe tritate. Versare il composto nelle zucchine scavate e disporle su una teglia unta. Coprire con la mozzarella e cuocere per circa 10 minuti. Guarnire con rametti di dragoncello se si desidera, servire.

Latticello - Banana - Gelatina

Tempo totale circa: 5 ore e 15 minuti

Ingredienti

1 tazza di latticello (500 ml)
1|banana(e)
1 confezione di gelatina (istantanea per 500 ml)
eventualmente|zucchero vanigliato
eventualmente|dolcificante, liquido
eventualmente cannella

Preparazione

Per prima cosa mettere il latticello in una ciotola, sbucciare la banana e tagliarla a fette e aggiungerle al latticello. Ora frullate con un frullatore fino a che la banana sia ben mescolata con il latticello. Ora aggiungete la gelatina istantanea e continuate a frullare con il frullatore (continuate a spegnerlo brevemente perché non si scaldi troppo) o con una frusta. Addolcite a piacere, per esempio con zucchero vanigliato o miele o dolcificante liquido e condite con cannella. Ora mettete il tutto in un barattolo con un coperchio e mettetelo in frigo per una notte. La gelatina di latticello è molto variabile e ha anche un sapore molto delizioso con le fragole al posto della banana o un cocktail di frutta dalla lattina. Per i WWers tra noi: Con 500 ml di latticello e 1 banana la ricetta ha circa 4 WW P. Si prega di aggiungere lo zucchero ecc.

Ravanello - crescione - insalata

Tempo totale circa: 20 minuti

Ingredienti

2 mazzi di ravanelli
2 scatole|di crescione
3 cucchiai|di olio
3 cucchiai|di aceto
|sale e pepe
un po'|di zucchero

Preparazione

Pulire, lavare e tagliare i ravanelli a fette molto sottili. Tagliare un ravanello in senso longitudinale e trasversale e metterlo in acqua fredda per far aprire il *fiore*. Tagliare il crescione e disporlo in una ciotola con le fette di ravanello. Mescolare olio, aceto, sale, pepe, zucchero come marinata e versare sull'insalata. Mettere il fiore di ravanello al centro come decorazione.

Zuppa di verdure con zing

Tempo totale circa: 15 minuti

Ingredienti

8|Pomodoro/i
1 porro
5|carota(e)
1) zucchina
2|patate
un po' di basilico, qualche foglia
a piacere|ragoncello, gambi freschi
a piacere|timo, gambi freschi
|sale e pepe
|polvere di cacao
1 cucchiaino di olio
un po' di prezzemolo tritato
alcuni|cipollotti, tritati
2 litri di acqua

Preparazione

Scottate i pomodori con acqua calda, pelateli, tagliateli a metà e togliete il gambo. Sbucciare le patate e le carote e tagliarle a pezzi. Tagliare a pezzi le zucchine non sbucciate. Pulire i porri e tagliarli ad anelli. Scaldare l'olio in una grande pentola. Ora aggiungete i pomodori, le zucchine, le carote, i porri e le patate e fateli soffriggere un po'. Aggiungere il pepe, il sale e la polvere di curry (condire generosamente con pepe e curry). Versare 2 litri d'acqua, aggiungere le erbe e cuocere per circa 30 minuti. Nel frattempo, schiacciare i pomodori. Consiglio: per non pescare i gambi duri dalle erbe alla fine, lego i rami con un pezzo di filo a un mazzo e lo appendo nella pentola - legato a un manico. Poi uso un frullatore per ridurre tutto in purea. Cospargere con prezzemolo ed erba cipollina prima di servire. Suggerimenti: Ha un ottimo sapore raffinato con crème fraiche o panna acida e fa il pieno. Se volete, potete anche aggiungere uno scalogno o una cipolla rossa. Ottimo anche per la perdita di peso, perché non ci sono grassi tranne il cucchiaino d'olio.

Involtini di cavolo

Tempo totale circa: 20 ore 20 minuti

Ingredienti

25 g di cipolla
300 g di tartaro
2 cucchiai di pasta di pomodoro
4 foglie|di cavolo bianco, grandi
un po' di|caraway in polvere
|sale e pepe
|polvere di pepe, dolce nobile
1 cucchiaino|di brodo, istantaneo
2 cucchiai di "creme fraîche

Preparazione

Sbucciare le cipolle e grattugiarle finemente. Mescolare con il tartaro, 1 cucchiaio di concentrato di pomodoro e condire con sale, pepe e paprika. Sbollentare brevemente le foglie di cavolo in acqua bollente, scolarle e cospargerle di cumino. Distribuire il composto di carne tritata, arrotolare le foglie di cavolo e avvolgere con uno spago. Far bollire 125 ml di acqua con il brodo e il resto del concentrato di pomodoro e stufare gli involtini a fuoco lento per 20 minuti. Prima di servire, mescolare la crème fraîche alla salsa. 41 g di proteine, 13 g di grassi, 9 g di carboidrati

Fette di tacchino Asia

Tempo totale circa: 25 minuti

Ingredienti

1 mazzo|di cipolla(e) di porro
1|peperone/i rosso/i
150 g di germogli di soia
400 g|Petto di tacchino
200 g di pasta (spaghetti)
|sale
1 cucchiaio|di olio
1 cucchiaio|di coriandolo, macinato
|pepe
1 cucchiaio|di zucchero o dolcificante per diabetici
200 ml|di brodo di pollo (istantaneo)
2 cucchiai|di aceto
1 cucchiaio|salsa di soia

Preparazione

Pulire e lavare i cipollotti e tagliarli in pezzi lunghi 3-4 cm. Tagliare i peperoni a metà, togliere i semi, lavarli e tagliarli a strisce strette. Lavare i germogli di fagioli e scolarli. Sciacquare la carne, asciugarla e tagliarla a strisce strette lunghe circa 3 cm. Cuocere gli spaghetti fino a cottura. Friggere la carne in olio caldo in porzioni. Condire ogni porzione con coriandolo, sale e pepe, togliere dalla padella e tenere in caldo. Saltare i cipollotti e i peperoni nella sgocciolatura. Aggiungere lo zucchero o cospargere di dolcificante. Versare il brodo, cuocere a fuoco lento per 3 minuti. Aggiungere la carne e i germogli. Condire a piacere con aceto, salsa di soia e zucchero o dolcificante semolato, se desiderato. Coprire e lasciare sobbollire per 2-3 minuti. Scolare gli spaghetti e servire con questo.

Rotolo di tacchino arrosto

Tempo totale circa: 10 minuti

Ingredienti

50 g di pancetta a strisce
500 g|Petto di tacchino
|pepe
|sale
150 g|cipolle (cipolle vegetali)
|acqua / brodo
|amido

Preparazione

Tagliare a dadini la pancetta e friggerla in una padella. Condire il petto di tacchino con sale e pepe e farlo rosolare su tutti i lati nel grasso di pancetta fuso. Aggiungere le cipolle vegetali tritate grossolanamente e arrostire la carne in un forno preriscaldato (175°C). Usare acqua/burro per versare la salsa. Addensare la salsa con l'amido se necessario e portare di nuovo a ebollizione. Tempo di cottura: 75 - 90 minuti

Pasta al prezzemolo

Tempo totale circa: 15 minuti

Ingredienti

70 g di mandorle, pelate intere o macinate
1 scalogno piccolo
200 g di formaggio fresco
3 cucchiai di latte o:
|acqua minerale
6 cucchiai di prezzemolo, tritato finemente (di più se si desidera)
|Sale e pepe

Preparazione

Tostare leggermente le mandorle in una padella o nel forno e grattugiarle finemente. Naturalmente potete anche usare mandorle già macinate. Tostatele comunque leggermente. Tritare lo scalogno molto finemente. Mescolare il formaggio cremoso con il latte o l'acqua frizzante fino a renderlo cremoso. Aggiungere i restanti ingredienti (mandorle, erbe, spezie) e mescolare. Molte altre erbe come il basilico, il cerfoglio, l'erba cipollina.... possono essere scambiate con il prezzemolo o comunque aggiunte. Se volete, potete mescolare di nuovo il tutto con un frullatore. A seconda della quantità di erbe cambia poi il colore della pasta. Si conserva qualche giorno in frigorifero. È meglio riempire un barattolo di vetro o un tupperware. Come dip su un buffet o semplicemente come spread, questo è un meraviglioso spuntino vegetariano. La crema di formaggio può essere usata come crema pesante o leggera, a seconda dei vostri gusti. Il tutto diventa un po' più nobile se si sostituiscono le mandorle macinate con anacardi, pinoli o noci macadamia. Semplicemente nel robot da cucina con esso e pronto. Confezionato in un bel barattolo, è anche un ottimo regalo!

asparagi ipocalorici con salsa di senape

Tempo totale circa: 20 minuti

Ingredienti

250 g di asparagi
1 cucchiaio|di senape, mediamente piccante
1 cucchiaio|pasta di pomodoro
2 cucchiaini|dolcificante, liquido
1 cucchiaio|di aceto
3 cucchiai|di acqua
1 rametto/i di timo e prezzemolo
|pepe

Preparazione

Pelare gli asparagi e cuocerli in acqua senza sale per 15-20 minuti. Nel frattempo, mescolare la senape, il concentrato di pomodoro, il dolcificante, l'aceto e l'acqua fino ad ottenere una salsa cremosa omogenea. Staccare il timo dal gambo e tritare il prezzemolo. Aggiungere alla salsa e condire con il pepe. Servire con gli asparagi.

Insalata mediterranea di asparagi

Tempo totale circa: 25 minuti

Ingredienti

600 g di asparagi, verdi e bianchi misti
6|Pomodoro/i essiccato/i in olio, tagliato/i finemente a dadini
50 g di olive nere tagliate a dadini
3 cucchiai di prezzemolo, semplice, tritato
1|spicchio(i) d'aglio, tritato finemente
30 ml|olio d'oliva
30 ml|di panna
2 cucchiai|di succo di limone
1 cucchiaino|di miele
½ cucchiaino|di senape, (senape di Digione)
|sale e pepe

Preparazione

Far bollire gli asparagi puliti in acqua salata per circa 5 minuti fino a quando non diventano bollenti, poi scolarli (riservando parte del brodo) e scolarli. Frullare 50 ml del brodo di asparagi con il succo di limone, il miele e la senape. Aggiungere gradualmente l'olio e la panna e infine l'aglio. Condire a piacere con sale e pepe. Tagliare gli asparagi in pezzi lunghi 4 - 5 cm e mescolarli con i pomodori secchi, le olive, il prezzemolo e il condimento.
Mettere in un piatto poco profondo, coprire e marinare a temperatura ambiente per 3 ore. Servire con baguette o ciabatta.

Cotolette di soia con ananas

Tempo totale circa: 35 minuti

Ingredienti

80 g di granulato di soia
1 cipolla(e) piccola(e)
2 peperoni medi
4 fette di ananas, tritate finemente
1 cucchiaio|di polvere per il curry
1 cucchiaino di timo
|pepe in polvere
1 cucchiaio|di farina
1 cucchiaio|di pasta di pomodoro
400 ml|acqua bollente
1 cucchiaino|di polvere per il curry
200 g di riso (per esempio riso parboiled o riso integrale) come guarnizione
a piacere|miscela di spezie (Harissa)
eventualmente|brodo vegetale se necessario

Preparazione

Per prima cosa preparare l'acqua di ammollo per i granuli di soia. Per fare questo, mettere la polvere di curry e il concentrato di pomodoro in una pentola, aggiungere l'acqua bollente e mescolare bene il tutto. Poi aggiungere i granuli di soia e lasciarli gonfiare per circa 30 minuti. Mescolare di tanto in tanto. Sbucciare e tritare finemente la cipolla. Pulire i peperoni e tagliarli a pezzetti. Scolare i granuli di soia, assicurarsi di raccogliere l'acqua di ammollo! Scaldare l'olio in una padella e aggiungere i granuli di soia, friggere vigorosamente a fuoco alto. Aggiungere le cipolle dopo poco tempo e friggere. Non appena i granuli di soia cominciano a dorare, aggiungere i peperoni tagliati a dadini e friggere tutto di nuovo per circa 5 minuti. Spolverare il tutto con la farina e aggiungere l'acqua di ammollo. Condire con polvere di curry, sale, harissa, paprika in polvere ed eventualmente brodo vegetale e cuocere a fuoco lento per circa 10 minuti. Se è ancora troppo sottile, aggiungere ancora un po' di farina. Infine, aggiungere i pezzi di ananas tritati e cuocere per altri 1 - 2 minuti. Durante la cottura, mettete una pentola a parte per cuocere il riso (a me piace di più il riso integrale, che può essere condito con brodo vegetale, curry in polvere e curcuma). Disponete tutto in porzioni sui piatti e servite.

Zuppa di miso al cetriolo

Tempo totale circa: 30 minuti

Ingredienti

100 g di scalogno/i
1 spicchio d'aglio
1 pezzo(i) di zenzero, grande come una noce
1 mazzo|di verdure da minestra
2 cucchiai|di olio (olio di arachidi)
¼ di litro di brodo vegetale
2|cetrioli (circa 600 g ciascuno)
100 g di funghi freschi (shiitake)
|sale
|pepe di Caienna
2 cucchiaini|di miso di soia (hatcho-miso)
10 cucchiaini|di erba cipollina, tritata (2 cucchiaini per piatto)

Preparazione

Sbucciare e tagliare finemente lo scalogno, l'aglio e lo zenzero. Pulire e lavare le verdure e tagliarle a cubetti. Scaldare l'olio e soffriggere gli scalogni, l'aglio, lo zenzero e le verdure a fuoco medio per circa 5 minuti. Aggiungere il brodo vegetale e cuocere a fuoco lento per circa 30 minuti. Nel frattempo, pulire e sbucciare i cetrioli, tagliarli a metà nel senso della lunghezza e raschiare i semi. Tagliare la polpa del cetriolo a fette sottili, mettendone da parte un quarto. Rimuovere i gambi dai funghi shiitake, tagliare i cappelli dei funghi a strisce sottili. Aggiungere i cetrioli al brodo e cuocere a fuoco lento per circa 10 minuti, poi frullare la zuppa con un frullatore a immersione fino ad ottenere un composto omogeneo. Aggiungere i funghi e i cetrioli messi da parte e far sobbollire il tutto per circa 3 minuti. Condire la zuppa con sale, pepe di cayenna e miso. Cospargere 2 cucchiaini di erba cipollina tritata per porzione.

Manzo in scatola - Insalata

Tempo totale circa: 10 minuti

Ingredienti

200 g di manzo in scatola
100 g di formaggio (leggero)
8 cetriolini dal barattolo
1 cipolla
2 cucchiaini di senape
1 cucchiaino|di aceto
|Sale
|pepe

Preparazione

Tagliare il manzo sotto sale, il cetriolo e il formaggio a cubetti. Tagliare la cipolla ad anelli (può anche essere tagliata a dadini) e mescolare il tutto con le spezie.

Illes rutabaga - puffer - pizza in padella

Tempo totale circa: 20 minuti

Ingredienti

300 g di rutabaga
1 uovo/i
1 cucchiaino|di fecola di patate o parmigiano secondo necessità
1 cipolla(e) grande(i), metà grattugiata, metà ad anelli
1|Mozzarella, 10% di grasso o normale
1 cucchiaino di olio
|Pomodoro/i, secondo necessità
|brodo vegetale, granulato
|sale e pepe
|Aglio

|macis
|Cumino, macinato
|Tabasco
|Erbe di Provenza

Preparazione

Grattugiare finemente la rutabaga e aggiungere la cipolla grattugiata! Aggiungere l'uovo e le spezie e mescolare bene! Mettere questo impasto morbido in una grande padella e friggere lentamente aperto con 1 cucchiaino d'olio! Girare con attenzione, il legame è più sciolto delle patate, quindi si consiglia di mettere piuttosto 2 frittelle più piccole, sono più facili da girare! Friggere fino a doratura su entrambi i lati e poi coprire con pomodoro finemente affettato e gli anelli di cipolla! Questo con Tabasco, pepe, sale ed erbe di Provenza e condire a piacere! Mozzarella 10% di grasso tagliata a fette sottili e mettere su! Condire di nuovo leggermente, mettere un coperchio sulla padella e lasciare sfrigolare le frittelle coperte fino a quando il formaggio si scioglie! Questo ha il sapore di una pizza di pasta di patate! Se ti piace più croccante, cuoci la pizza scoperta nel forno! Ma lì si raccomanda di pre-saltare leggermente gli anelli di cipolla! Buon appetito, a me è piaciuta di più leggermente raffreddata! WW = 4,5 P/persona

Stufato di carote

Tempo totale circa: 30 minuti

Ingredienti

300 g di carote
1 cucchiaino|di fruttosio
½ litro di brodo
2 gambo/i di porro
200 g di carne di manzo tritata
1 spicchio/n|aglio
eventualmente|riso

Preparazione

Lavare e raschiare le carote e tagliarle a bastoncini. Saltatele in una padella e cospargetele con il fruttosio, lasciatele sudare e aggiungete il brodo. Nel frattempo, lavare e tagliare i porri ad anelli e aggiungerli alle carote. In un'altra padella, rosolare la carne macinata con l'aglio e mescolarla alle carote. Io aggiungo sempre il riso e lo lascio cuocere.

Casseruola di semolino al cioccolato

Tempo totale circa: 1 ora e 20 minuti

Ingredienti

500 ml|latte
80 g di grana (semolino di grano tenero)
1 confezione di budino al cioccolato
5 ml|dolcificante, liquido
3 uova
1 pizzico(i) di sale
200 g di frutta

Preparazione

Portare a ebollizione 450 ml di latte e sale. Quando il latte bolle, spegnere il fuoco e aggiungere il semolino e mescolare bene. Mescolare i 50 ml precedentemente prelevati dal latte in una ciotola con il dolcificante e la polvere di crema pasticcera e aggiungerli immediatamente al semolino. Mescolare bene e lasciare gonfiare, mescolando di tanto in tanto. Lasciare raffreddare. Separare le uova mentre questo avviene. Sbattere i tuorli fino a renderli spumosi e mescolarli al porridge di semolino leggermente raffreddato. Sbattere gli albumi a neve ferma e incorporarli delicatamente al semolino. Ora versate il composto in una pirofila e distribuitevi sopra la frutta precedentemente tagliata, premendola leggermente. (Qui può essere usata qualsiasi frutta a piacere, inoltre, a seconda di come vi piace, può essere piegata nel porridge di semolino in anticipo). Ora cuocete il tutto nel forno preriscaldato a 175°C di calore superiore/inferiore o 160°C a convezione per 45-60 minuti buoni. In seguito cospargere con cioccolato fondente grattugiato a piacere, ma non è un obbligo.

Zuppa di verdure portoghese

Tempo totale circa: 30 minuti

Ingredienti

100 ml di olio d'oliva
1 cipolla (o cipolle) tritata
300 g di porro tritato
300 g di carote, tagliate a dadini
500 g di patate, tagliate a cubetti
1,2 litri di acqua
|Sale
|pepe
a piacere|fagioli verdi (cotti), spinaci o crescione (agrião)

Preparazione

Soffriggere la cipolla e il porro in olio d'oliva. Aggiungere le carote e le patate, poi l'acqua. Cuocere fino a quando le carote e le patate sono pronte. Poi ridurre la zuppa in purea (molto finemente o in modo che rimangano dei pezzi di carota e di patata, secondo i gusti). Condire a piacere con sale. A seconda delle preferenze, si possono aggiungere alla fine fagiolini, spinaci o agrião. La zuppa è eccellente per il congelamento.

Crema di verdure alla paprika

Tempo totale circa: 10 minuti

Ingredienti

3|pepe rosso, giallo, verde, a strisce
2 pomodori, spellati e tagliati a dadini

1 cipolla piccola, tagliata a dadini
1 bastoncino/i di porro, tagliato/i ad anelli
100 ml|di brodo
1 tazza|di panna acida
|Sale e pepe
|pepe in polvere
un po' di burro

Preparazione

Soffriggere le cipolle in un po' di burro. Aggiungere i peperoni, i pomodori e il porro e deglassare con il brodo. Lasciare sobbollire il tutto per circa 15 minuti. Poi aggiungere la panna acida (non farla bollire più, altrimenti si caglia tutto!), condire a piacere. Va bene con il riso e le bistecche minute.

Zuppa di zucca con latte di cocco

Tempo totale circa: 1 ora

Ingredienti

1 zucca media di Hokkaido
2 patate medie
1 carota(e) grande(i)
1 mela media
1 lattina di latte di cocco
1 pezzo(i) di anice stellato, intero
½|fagiolo(i) di tonka
poca|noce moscata
½ cucchiaio|di brodo vegetale, granulato
a piacere|sale e pepe, bianco
poco|curry
a piacere|olio di semi di zucca, anche per la decorazione
1 pezzo(i) di zenzero, lungo almeno 2-3 cm
a piacere|acqua

Preparazione

Sbucciare la zucca, la carota e le patate. Raschiare l'interno della zucca con un cucchiaio. Sbucciare la mela e togliere la buccia. Sbucciare lo zenzero e tritare anche quello. Mettere tutto il trito in una pentola e coprire con acqua. Aggiungere il sale e il brodo vegetale e portare a ebollizione. Cuocere gli ingredienti a fuoco basso fino a quando sono morbidi. Poi grattugiare un po' di noce moscata e metà di una fava tonka. Aggiungere l'anice stellato e cuocere la lattina di latte di cocco. Quando si raggiunge una buona consistenza, togliere l'anice stellato, filtrare la zuppa con un colino e servire nei piatti. Infine, decorare con olio di semi di zucca stiriano e servire. In aggiunta si raggiunge baguette o pane tostato, al forno.

Crema di zuppa di zucca

Tempo totale circa: 15 minuti

Ingredienti

1 cipolla (o cipolle) in quarti
2 cucchiai di olio
650 g di polpa di zucca (Hokkaido), tagliata a dadini
200 g di carote a pezzi
200 g di patate, a pezzi
500 g di acqua
3 cucchiai|di brodo vegetale, granulato
75 g di panna acida
2 cucchiaini|di polvere per il curry
|pepe
|peperoncino in polvere

Preparazione

Mettere la cipolla nella ciotola e tritare per 5 sec./velocità 4. Aggiungere l'olio e sudare per 1,5 min/100°C/fase 2. Aggiungere la zucca, le carote e le patate nella ciotola e tritare per 15 secondi/velocità 5. Aggiungere l'acqua e il brodo vegetale e cuocere per 15 min/100°C/fase 3. Aggiungere la panna acida e le spezie nella ciotola e mescolare per 20 secondi/fase 5. Servire con un cucchiaio di panna acida se si desidera. Servire con una bella fetta di pane o anche salsicce. Una porzione (solo zuppa) ha 180 kcal, 4 g di proteine, 9 g di grassi e 20 g di carboidrati.

Patate - cetrioli - insalata

Tempo totale circa: 30 minuti

Ingredienti

40 g|cipolla(e) rossa(e) sbucciata(e)
200 g|cetriolo/i di patate, sbucciato/i e con semi
un po' di aneto
1 fetta di pancetta da colazione
½ cucchiaino|di brodo vegetale, granulato
1 cucchiaio|di succo di limone
|sale e pepe bianco
240 g di patate, bollite e sbucciate
1 pomodoro/i piccolo/i

Preparazione

Lessare le patate in acqua salata per circa 20 minuti e lasciarle raffreddare o usare le patate del giorno prima. Dimezzare la cipolla e tagliarla ad anelli sottili. Tagliare il cetriolo a fette. Lavare e tritare finemente l'aneto. Tagliare la pancetta a pezzi grossolani e friggere in una padella calda fino a quando non diventa croccante. Togliere e scolare su carta da cucina. Aggiungere la cipolla e le fette di cetriolo al grasso di pancetta caldo e soffriggere brevemente. Mescolare il brodo di cereali in 1/8 l di acqua calda e deglassare le verdure di cetriolo con esso. Lasciare sobbollire i cetrioli per circa 5 minuti, poi togliere dal fuoco. Aggiungere l'aneto tritato e il succo di limone. Condire a piacere con sale e pepe. Affettare le patate e mescolarle al composto di cetrioli. Lasciare riposare l'insalata per circa 20 minuti. Lavare il pomodoro, tagliarlo a spicchi e aggiungerlo. Condire di nuovo l'insalata e servire. Cospargere la pancetta sopra.

Crema di frutta

Tempo totale circa: 30 minuti

Ingredienti

500 g di mirtilli rossi (preferibilmente lamponi o fragole)
2 albumi d'uovo
6 fogli di gelatina
|dolcificante

Preparazione

Selezionate i frutti di bosco o fateli scongelare, se necessario, e riduceteli in purea. Poi addolcite con del dolcificante, circa quanto basta per eguagliare 100 - 150 g di zucchero. Preparare la gelatina secondo le istruzioni della confezione e aggiungerla alla purea di bacche. Ora aspettate per circa 10 - 15 minuti fino a quando il composto comincia a rapprendersi leggermente. Poi incorporare accuratamente gli albumi montati a neve. Lasciare riposare completamente in frigorifero.

Marmellata di ananas con cannella

Tempo totale circa: 15 minuti

Ingredienti

750 g|Ananas, tagliato
245 g|zucchero di preparazione, (zucchero di frutta pregelatinizzato dietetico 1:3)
20 ml|acqua di ciliegia
|succo di limone
1 pizzico(i) di cannella

Preparazione

Togliere il gambo e la buccia all'ananas, dividerlo in pezzi e aggiungerlo alla pentola. Aggiungere una spruzzata di limone, un pizzico di cannella e lo zucchero di conservazione. Far bollire vigorosamente per tre minuti e schiumare la schiuma che fuoriesce. Aggiungere il kirsch, spegnere il fuoco e preparare i vasetti sterili con i coperchi. Versare, chiudere con il coperchio twist-off e lasciare raffreddare a testa in giù. 1 BE = 34 g di marmellata 100 g = 141 kcal di marmellata pronta

Macedonia di topinambur

Tempo totale circa: 30 minuti

Ingredienti

2 tuberi|topinambur
1|banana/e
1|mela
1 cucchiaio di succo di limone
3 albicocche
3 cucchiai|di ananas, a pezzi
2 cucchiai di crema o yogurt naturale
1 cucchiaino|di miele, fiocchi di cereali

Preparazione

Lavare i tuberi freschi, spazzolare (non sbucciare) e grattugiare finemente con la mela sbucciata. Aggiungere il succo di limone, le albicocche tritate, i pezzi di banana e ananas e la panna, addolcire con olivello spinoso o miele e cospargere con fiocchi di cereali croccanti e servire immediatamente.

Padella di pasta italiana con verdure

Tempo totale circa: 25 minuti

Ingredienti

250 g di pasta (tubolari, spirelli o penne)
1 melanzana media, tagliata in piccoli pezzi
1 zucchina grande, tagliata in piccoli pezzi
2 peperoni medi, rossi, tagliati finemente
1 peperone/i medio/i, giallo, tagliato/i finemente

1 cipolla (o cipolle), tagliata finemente
1 spicchio d'aglio, tritato finemente
3 cucchiai di parmigiano grattugiato
1 barattolo/i piccolo/i di pomodoro, filtrato/i
1 cucchiaino|di maggiorana
1 cucchiaino di timo
|basilico
1 cucchiaio|di olio
|origano
|Sale e pepe
|pepe in polvere

Preparazione

Cuocere la pasta secondo le istruzioni della confezione fino al dente. Scolare attraverso un setaccio. Nel frattempo, soffriggere la cipolla tritata finemente e lo spicchio d'aglio in 1 cucchiaio di olio in una grande padella. Aggiungere le verdure tritate finemente. Soffriggere il tutto brevemente e vigorosamente, riducendo il calore dopo circa 5 minuti. Mettere il coperchio sulla padella e lasciare soffriggere il tutto per circa 8 minuti. Mescolare di tanto in tanto. Aggiungere le spezie e le erbe e condire e poi versare anche i pomodori scolati. Aggiungere il parmigiano. Assaggiare di nuovo se necessario. Aggiungere la pasta cotta alle verdure. Mescolare bene il tutto e servire immediatamente.

Barbabietola - Mela - Verdure

Tempo totale circa: 30 minuti

Ingredienti

4 piccole barbabietole
1|cipolla(e)
2 cucchiai|di olio
250 g|mele
150 g|di yogurt, o panna acida

|Sale alle erbe
|pepe, macinato
eventualmente|rafano

Preparazione

Lavare accuratamente le barbabietole e farle bollire in acqua salata fino a quando sono morbide. A seconda delle dimensioni, questo richiede tra i 30 e i 45 minuti. Sciacquare i tuberi, togliere la buccia e tagliare a cubetti. (Meglio mettere dei "guanti usa e getta", la barbabietola si macchia fortemente)! Soffriggere la cipolla tagliata finemente nell'olio, aggiungere le mele tagliate a dadini e la barbabietola, mescolare con lo yogurt e cuocere a fuoco lento per circa 10 minuti. Condire con sale e pepe alle erbe. Se volete, potete aggiungere un cucchiaino di rafano fresco grattugiato. Servire con patate da rivestimento o purè di patate.

Spiedini di frutta con salsa allo yogurt

Tempo totale circa: 15 minuti

Ingredienti

2 mele
1|ananas (ananas piccolo o in scatola)
1|banana(e)
2|Kiwi
4 tazze di yogurt

Preparazione

Sbucciare, dividere in quarti, togliere il torsolo e tagliare a dadini le mele a piacere. Sbucciare l'ananas, dividerlo in quarti nel senso della lunghezza, rimuovere il gambo e tagliare la polpa a dadini. Sbucciare la banana e tagliarla a fette. Sbucciare i kiwi e tagliarli a pezzi. Infilate i pezzi di frutta alternativamente su piccoli spiedini di legno o di metallo e metteteli su un piatto da portata. Ognuno riceve una piccola ciotola con il suo yogurt preferito e può immergervi la frutta.

Pacchetti di pollo

Tempo totale circa: 30 minuti

Ingredienti

2|filetti di petto di pollo
8|pomodoro/i all'amarena
10|l'oliva
10 foglie di basilico
2 cucchiai di olio d'oliva
2|limoni a fette

Preparazione

Mettere ogni filetto di petto di pollo su un foglio di carta da forno. Condire tutto intorno con sale e pepe. Tagliare a metà i pomodorini e le olive. Tagliare le foglie di basilico a strisce in senso trasversale. Mescolare il tutto con olio d'oliva e spalmare sulla carne. Tagliare le 2 fette di limone a metà e metterle sopra. Piegare la carta da forno sopra i filetti di petto di pollo e legare le estremità sul lato, come una caramella con lo spago da cucina. Cuocere nel forno preriscaldato a 200°C (calore superiore/inferiore, forno a convezione: 180°C) sul ripiano centrale per 20 minuti.

Dolce al cioccolato e menta con peperoncino

Tempo totale circa: 1 ora e 10 minuti

Ingredienti

500 g di quark magro
1 cucchiaio di panna (panna da cucina 15%)
1 tazza di acqua
3 trattini di dolcificante, liquido o più
2 cucchiai|di cacao in polvere, naturale
4 gambi di menta (menta alla fragola o altro)
½ cucchiaino|di peperoncino, macinato

Preparazione

Frullare la cagliata a basso contenuto di grassi con l'acqua fino a renderla liscia e continuare a mescolare il cacao in polvere con il dolcificante liquido. Io ho usato la bacchetta magica. Staccare le foglie dai gambi di menta e tritarle molto finemente e mescolarle con il peperoncino in polvere. Infine, sbattete tutto vigorosamente di nuovo con la bacchetta. Ora lasciate riposare il dolce in frigo per almeno un'ora e poi gustate (percepite 0 calorie).

Casseruola di mango

Tempo totale circa: 40 minuti

Ingredienti

300 g|Kasseler - cotoletta, cruda
750 g|Mangold
1|cipolla/e
2 spicchio/i d'aglio
2 cucchiai di burro
250 g|salsa olandese
50 ml|latte a basso contenuto di grassi
1 uovo/i medio/i
3 pomodori
75 g|di formaggio, grattugiato
|Sale
|pepe

Preparazione

Togliere la carne di maiale dalle ossa e tagliarla a cubetti di 1 cm. Pulire e lavare le bietole, tagliare le foglie a strisce, tagliare i gambi a dadini. Cuocere i gambi per 5 minuti, le foglie per 2 minuti in acqua bollente salata. Sciacquare con acqua fredda e scolare. Sbucciare e tagliare finemente le cipolle e l'aglio, soffriggere in 1 cucchiaio di grasso caldo. Aggiungere i cubetti di maiale stagionato, soffriggere per 5 minuti. Aggiungere le bietole, riscaldare, condire. Mescolare la salsa olandese con il latte e l'uovo, condire con sale e pepe. Ungere la teglia con il burro rimanente. Versare 3/4 del composto di bietole nella pirofila, versare la salsa, coprire con il restante composto di bietole. Cuocere la casseruola in forno preriscaldato a 175°C per circa 15 minuti. Lavare i pomodori, tagliarli a fette e metterli sopra la casseruola. Cospargere di formaggio e cuocere per altri 10 minuti. Servire con riso integrale.

Marmellata di mandarini

Tempo totale circa: 30 minuti

Ingredienti

1.000 ml|succo di mandarino/i, appena spremuto/i
250 ml|succo d'arancia, appena spremuto
250 ml|succo di pompelmo, appena spremuto
50 ml|dolcificante, liquido
2 confezioni|Gelfix, 3 a 1

Preparazione

Mettere tutto in una casseruola e portare ad ebollizione per 3 minuti. Versare in bicchieri twist-off e capovolgere per circa 10 minuti. È molto buono con lo yogurt e la ricotta. La quantità totale corrisponde a 15 BE (180g KH) 100ml=1BE

Macedonia di frutta tropicale

Tempo totale circa: 15 minuti

Ingredienti

2 banane
2 arance
2|Kiwi
4 fette di ananas, fresco
1 manciata di uva, blu e verde

qualche|nonna
1 cucchiaio|di semi di lino

Preparazione

Sbucciare banane, kiwi, ananas e arance. Tagliare tutto in pezzi più piccoli o a fette. Togliere i semi dall'uva e tagliarla a metà. Tritare le noci o schiacciarle in un mortaio. Mescolare con la frutta insieme ai semi di lino.

Marmellata di ciliegie con pera e banana

Tempo totale circa: 5 ore e 30 minuti

Ingredienti

250 g di ciliegie del Corniolo, fresche e mature
3 pere medie
3 banane medie
2 confezioni di zucchero vanigliato
½|limone(i), il succo
200 ml di sciroppo, ciliegia corniola
1 confezione|di zucchero gelificante, 3:1 (500 g)

Preparazione

Lavare le ciliegie del corniolo, togliere i gambi e i semi e lasciarle spremere un po'. Preferibilmente mezza giornata in frigorifero, in un contenitore chiuso. Poi lavare le pere, tagliare i semi e togliere il fiore e il gambo. Tagliare le pere in quarti e poi in senso trasversale, in piccole fette. Togliete anche la buccia alle banane e tagliatele a fettine. Poi mettete tutto in una pentola. Aggiungere lo zucchero vanigliato, il succo di limone e lo sciroppo, mescolare e versarvi sopra lo zucchero di conservazione secondo le istruzioni. Cuocere il composto secondo le istruzioni e quando è ancora caldo, dividere nei barattoli caldi e puliti e sigillare. Girate a testa in giù per circa 5 minuti e poi girate, lasciate raffreddare ed etichettate.

Filetto di pesce al forno

Tempo totale circa: 50 minuti

Ingredienti

1 cucchiaio di olio per lo stampo
½|cipolla(e) rossa(e)
500 g|filetto(i) di pesce magro (per esempio, cernia)
2 cucchiaini di olio d'oliva
1 spicchio d'aglio tritato finemente
2 cucchiai di prezzemolo fresco tritato
|Pepe in polvere
|sale
1|limone(i)

Preparazione

Preriscaldare il forno a 225°C. Rivestire una teglia con un po' d'olio. Tagliare la cipolla ad anelli e distribuirli sul fondo della teglia. Lavare i filetti di pesce, asciugarli e disporli sugli anelli di cipolla. Mescolare l'olio d'oliva, l'aglio tritato finemente e il prezzemolo e versare sui filetti di pesce. Condire con un po' di sale e paprika in polvere e cuocere in forno per circa 20 minuti. Affettare il limone e decorare il pesce con esso prima di servire. È delizioso con del riso o un'insalata fresca.

Montagna di riso con verdure

Tempo totale circa: 30 minuti

Ingredienti

400 ml|acqua
200 g di riso naturale
150 g di piselli
150 g di cavolfiore
150 g di carote
100 g di pepe/i rosso/i

50 g di porro
10 g di olio vegetale
2 cucchiai di prezzemolo tritato
un po' d'acqua
|brodo di verdure, istantaneo
|pepe
|macis

Preparazione

Portare l'acqua a ebollizione e aggiungere del brodo vegetale, aggiungere il riso sciacquato e lasciarlo gonfiare a bassa temperatura in una pentola chiusa. Nel frattempo, scaldare l'olio in una pentola. Aggiungere le verdure tritate e versare un po' d'acqua. Cuocere le verdure a vapore nella pentola chiusa per circa 10 minuti, devono avere ancora "mordente". Condire le verdure con pepe e noce moscata e cospargere di prezzemolo. Disporre il riso cotto su un piatto riscaldato con le verdure.

Insalata di spinaci colorata

Tempo totale circa: 15 minuti

Ingredienti

150 g di spinaci, (foglie di spinaci baby)
150 g|champignons, bianchi
1 zucchina piccola
10 pomodori ciliegia
2 cucchiai di aceto (aceto di lampone)
3 cucchiai di olio d'oliva
|Sale e pepe

Preparazione

Lavare e staccare le foglie di spinaci, lasciandole intere. Tagliare i funghi a fette sottili. Tagliare i pomodori a metà. Tagliare le zucchine in piccoli cubetti. Per la marinata, mescolare bene tutti gli ingredienti e unirli agli ingredienti dell'insalata. L'insalata non ha bisogno di marinare, può essere consumata immediatamente.

Filetti di scorfano al vapore su brodo di verdura

Tempo totale circa: 20 minuti

Ingredienti

500 g di patate piccole
¾ di litro di brodo di verdura
250 g|di porro, (porro)
250 g di carote
250 g di sedano rapa
500 g|filetto(i) di pesce rosso
|Sale e pepe
½ mazzo di prezzemolo

Preparazione

Sbucciare e lavare le patate e precuocerle nel brodo per circa 10 minuti. Tagliare il porro a strisce, le carote e il sedano a losanghe sottili o a fette. Lavare bene il filetto di pesce e asciugarlo con carta da cucina. Poi tagliare in 4 - 6 pezzi. Mettere tutte le verdure e le patate con il brodo vegetale in una casseruola da forno. Mettere i filetti di pesce tra le verdure e cospargere di sale e pepe. Coprire la casseruola e cuocere a vapore in forno preriscaldato a circa 200°C per circa 40 minuti. Lavare il prezzemolo, staccare le foglie e tagliarlo a strisce sottili. Cospargere la casseruola con le strisce di prezzemolo.

Zuppa piccante di cipolle e zenzero

Tempo totale circa: 1 ora e 5 minuti

Ingredienti

1 cipolla(i) grande(i)
½ radice di zenzero fresco
1 piccola|carota(e)

1 patata(e) piccola(e)
1 pizzico(i) di curry
1 pizzico(i) di maggiorana
a piacere|sale
1 ½ cucchiaino|di brodo vegetale, grana
300 ml|acqua, o più
|olio di canola

Preparazione

Sbucciare la patata e tagliarla in piccoli pezzi, anche la radice di zenzero. Aggiungere il tutto all'acqua con il brodo vegetale e portare a ebollizione. Aggiungere la maggiorana e il sale. Lasciare cuocere il tutto fino a quando non si ammorbidisce per circa tre quarti d'ora. Poi schiacciare la patata con uno schiacciapatate. Nel frattempo, quando la zuppa bolle, pulire la cipolla e la carota piccola e tagliarle in pezzi appropriati. Friggere entrambi in una padella in cui è stato riscaldato l'olio e tostarli leggermente. Aggiungere le due verdure alla zuppa e cuocere. Condire con un po' di curry e servire. Se vi piace un po' più piccante, potete completare il tutto con il condimento Hot Maggi. Guarnire con prezzemolo.

Pira

Tempo totale circa: 20 minuti

Ingredienti

1 confezione di pira
4 uova di media grandezza
1 tazza di panna montata, a basso contenuto di grassi (~200 ml)
400 ml|latte, 1,5% di grassi
3 cucchiaini di cannella in polvere
2 grandi mele, crostata soda)
2 pere grandi, sode
|uvetta, (uvetta al rum in salamoia)
|dolcificante, (dolcificante a pioggia)

2 cucchiaini|di buccia di limone, grattugiata

Preparazione

Sbucciare e torsolare le mele e le pere e tagliarle a spicchi (non tagliarle troppo sottili, rimarranno più succose e avranno più mordente). Sbattere bene il latte con la panna da montare, le uova, il dolcificante a pioggia, la cannella e la scorza di limone (si può usare un mixer a mano). Foderare una teglia con un grande foglio di carta da forno in modo che ci sia anche abbastanza carta da forno da "coprire". Immergere una porzione di cipolle nel latte all'uovo per circa 1 minuto, poi fare uno strato sul fondo della pirofila e coprire con la frutta. Cospargere con l'uvetta al rum, se si desidera. Ripetere e finire con uno strato di fette biscottate. Versare il restante latte all'uovo sulla parte superiore e coprire la casseruola con la carta da forno sporgente. Infornate a 170° per 40 minuti, poi scoprite e cuocete a 140° per circa 15 minuti fino a quando non saranno croccanti. Ottimo con crema pasticcera, salsa di vino montata o crema al mascarpone (quest'ultima solo se non dovete stare attenti alle calorie).

Tagliatelle cinesi con verdure

Tempo totale circa: 30 minuti

Ingredienti

250 g di tagliolini cinesi all'uovo
2|carote
1 bastoncino/i di porro
200 g di funghi (shiitake)
2|peperoni, giallo e rosso
2 gambo/i di sedano
2|spicchio/i d'aglio
3 cucchiai d'olio (olio di arachidi)
|Sale e pepe, dal mulino
4 cucchiai di salsa di soia
2 cucchiai|di arachidi, salati

1 manciata di germogli di soia
2 cucchiai di erba cipollina, tritata finemente

Preparazione

Preparare i noodles secondo le indicazioni della confezione. Pulire e lavare le carote, i porri, i funghi shiitake, i peperoni e il sedano, pelare le carote e tagliare tutto a strisce sottili. Sbucciare e tritare finemente gli spicchi d'aglio e soffriggere nell'olio di arachidi. Aggiungere le verdure e cuocere, mescolando, fino al dente. Condire con sale, pepe e salsa di soia e mescolare i noodles ben scolati. Tritare grossolanamente le arachidi e aggiungere con i germogli di fagioli e l'erba cipollina.

spiedini di verdure al barbecue ma-jas

Tempo totale circa: 20 minuti

Ingredienti

2|pepe, giallo e rosso
1|cipolla(e)
|Broccoli e cavolfiori, alcune cimette ciascuno
alcuni pomodori secchi
a piacere|aceto balsamico
|sale e pepe
|aglio

Preparazione

Pulire i peperoni, la cipolla e i pomodori e tagliarli a pezzetti. Infilare tutte le verdure alternativamente sugli spiedini in modo che tutte le varietà siano rappresentate su ogni spiedino. Condire con un po' di aceto balsamico, sale e pepe e lasciare riposare per un po'. Poi mettere sulla griglia. Gli spiedini impiegheranno 10-20 minuti a seconda della griglia. A volte faccio anche grigliare gli spiedini di verdure senza condimento e li condisco solo quando sono pronti sul piatto. Anche questo ha un buon sapore.

casseruola di verdure

Tempo totale circa: 20 minuti

Ingredienti

1 cavolfiore fresco
1|broccoli
1|carota(e)
100 ml|di brodo vegetale
1 sacchetto|di formaggio, grattugiato (Gouda)
|Sale e pepe
2|spicchio(i) d'aglio

Preparazione

Lavare il cavolfiore e i broccoli, tagliarli a cimette e sbollentarli. Pulire, lavare e affettare la carota e sbollentarla brevemente. Tritare gli spicchi d'aglio. Portare ad ebollizione il brodo vegetale. Mettere le verdure e l'aglio in una teglia. Poi versare il brodo vegetale in modo uniforme. Condire con sale e pepe e cospargere con il formaggio. Cuocere per circa 25 minuti in un forno preriscaldato a 200°C. Consiglio: si accompagna molto bene al riso o al pesce. Potete anche servire la casseruola come antipasto o spuntino. Se ti piace, puoi anche aggiungere pomodori e mozzarella alla casseruola.

Salsa di verdure con pasta

Tempo totale circa: 20 minuti

Ingredienti

2|carote
1 zucchina
1 melanzana
1 scatola di pomodori, (pomodori da pizza)
1 cipolla
2|spicchio(i) d'aglio

2 cucchiai di olio d'oliva
1 peperoncino, a piacere
1 manciata|di basilico, foglie spennate
2 cucchiaini|di sale
1 cucchiaino|di zucchero

Preparazione

Pelare e affettare le carote. Lavate le zucchine e le melanzane, dimezzatele, dividetele in quarti e affettatele anch'esse. Sbucciare e tagliare finemente la cipolla e l'aglio. Togliere i semi dal peperoncino e tritarlo finemente. Scaldare l'olio d'oliva in una padella e soffriggere prima la cipolla e l'aglio, poi aggiungere le carote, soffriggerle brevemente e poi aggiungere il resto delle verdure. Lasciate sfrigolare il tutto per un po' (se vi piace al dente, solo circa 3 minuti - altrimenti più a lungo), aggiungete il peperoncino e deglassate con i pomodori. Condire con sale e zucchero, portare di nuovo a ebollizione e mescolare con il basilico tritato grossolanamente prima di servire. Il sugo è ottimo con tutta la pasta, con piacere anche con del parmigiano o altro formaggio sopra. Ho anche provato la salsa per una casseruola di pasta e verdure, che era anche deliziosa!

Verdure fruttate alle zucchine

Tempo totale circa: 15 minuti

Ingredienti

2|zucchine
2|mele, mezza acida (per esempio Elstar)
1|Lime(s), o limone
|Olio al peperoncino
|dragoncello
|sale

Preparazione

Preparazione: Tagliare le zucchine a metà e fare delle fette lunghe. Tagliare la mela a fette o ad anelli e versarvi sopra abbondante succo di lime. Preparazione: Soffriggere le fette di zucchina in olio al peperoncino (mescolare con neutro se troppo piccante). Cospargere generosamente di dragoncello e salare leggermente. Girare più volte. Poco prima che siano pronte, aggiungere le fette di mela. Le mele restano dentro per pochissimo tempo, lasciatele scaldare. E le verdure sono pronte. Disporre a strati sul piatto e servire immediatamente. Questo dà un'incredibile sequenza di sapori al palato.

Filetto di scorfano con insalata di indivia

Tempo totale circa: 25 minuti

Ingredienti

2|uovo/i
50 g di scalogno/i
½ mazzo|di aneto
6 cucchiai|di aceto
5 cucchiai|di olio
50 ml|di brodo vegetale
1 cespo di lattuga (indivia)
1 cucchiaio|di amido
500 g|di filetto/i di pesce rosso, pronto per la cottura
|Sale
|pepe
100 g|di nocciole, (a scaglie)

Preparazione

Prima bollire 1 uovo in acqua bollente per 8-10 minuti, raffreddare in acqua fredda. Sbucciare lo scalogno e tagliarlo a strisce sottili. Tritare finemente l'aneto. Mescolare con aceto, 3 cucchiai di olio, brodo e scalogno. Sbucciare l'uovo, tritarlo finemente e aggiungerlo al condimento. Pulire la lattuga, lavarla, asciugarla bene, tagliarla a strisce e mescolarla al condimento. Sbattere l'uovo rimanente con una frusta, mescolando l'amido.

Tagliare il pesce in pezzi di 3-4 cm, condire con sale e pepe. Passare il pesce nell'uovo, scolare brevemente, ricoprire con le foglie di noce. Scaldare l'olio rimanente. Friggere il pesce a fuoco medio per 3-4 minuti fino a quando l'impanatura è ben rosolata. Scolare il pesce su carta assorbente e servire immediatamente con l'insalata. Servire con una salsa di yogurt-curry.

Spalmatura di ravanelli con erbe

Tempo totale circa: 10 minuti

Ingredienti

4|ravanelli
1 piccolo|cetriolo/i, (sottaceto)
70 g|di formaggio cagliato magro
30 g|di yogurt magro
1 cucchiaio|di prezzemolo, fresco
1 cucchiaio|di erba cipollina, fresca
1 cucchiaio|di crescione
un po' di liquido di cetriolo
|sale e pepe, bianco

Preparazione

Tritare finemente i ravanelli, i sottaceti e le erbe. Mescolare la cagliata e lo yogurt con l'acqua del cetriolo fino ad ottenere un composto omogeneo e condire con sale e pepe a piacere. Mescolare il cetriolo, il ravanello e le erbe. Le erbe possono essere cambiate a piacere. Ci piace accompagnare il pane fresco integrale.

Insalata croccante con formaggio e strisce di tacchino

Tempo totale circa: 15 minuti

Ingredienti

1 scalogno/i

8 ravanelli
½|cetriolo/i
1|pepe, giallo
6 rametto/i di prezzemolo, liscio
50 g di formaggio (a fette, più delicato)
100 g di prosciutto (prosciutto di tacchino)
1 cucchiaio di aceto balsamico bianco
3 cucchiai di brodo vegetale o brodo vegetale
2 cucchiai di olio d'oliva
|sale e pepe

Preparazione

Sbucciare e tritare lo scalogno. Lavate e pulite i ravanelli e affettateli o tagliateli finemente. Sbucciare il cetriolo e tagliarlo anch'esso a fette sottili. Lavare e pulire il peperone e tagliarlo a strisce sottili. Lavare il prezzemolo e scuoterlo per bene. Poi tritare grossolanamente. Tagliare il formaggio e il prosciutto di tacchino a strisce sottili. Mescolare l'aceto, il brodo vegetale, il sale e il pepe con una frusta. Mescolare il prosciutto di tacchino, il formaggio, gli scalogni, i ravanelli, i cetrioli, i peperoni e il prezzemolo con il condimento e condire l'insalata con sale e pepe.

Filetto di petto di tacchino ripieno di spinaci al vapore

Tempo totale circa: 20 minuti

Ingredienti

4|filetti di petto di tacchino (circa 1 kg)
250 g|spinaci in foglia
2 cucchiai di "tzatziki
1|limone(i), il suo succo
3 cucchiai di senape di Digione
2 cl|vino bianco
1 pizzico(i) di aglio in grani

|Sale
|pepe

Preparazione

Prima di tutto: ho una vaporiera da tavolo Tefal VS 4001 VitaCuisine. La preparazione può variare con altri modelli. Tagliare una tasca in ogni filetto di petto di tacchino con un coltello affilato e condire con sale e pepe. Spremere il limone, riservando il succo. Mescolare gli spinaci con 2 cucchiai di tzatziki e i granuli di aglio, condire con sale, pepe e limone. Poi riempire i filetti con il composto di spinaci e fissarli con stecchini di legno o spago da cucina (se gli stecchini di legno sono oliati un po' prima, possono essere rimossi più facilmente dopo la cottura). Mettere i filetti sulla piastra di cottura, spennellare con la senape, irrorare con il succo di limone. Se i filetti non stanno sulla piastra di cottura uno accanto all'altro, metterli uno sopra l'altro. Versare il vino bianco e cuocere i filetti al vapore per 20-30 minuti, a seconda del loro spessore. Cuocere gli spinaci tzatziki avanzati nella pentola e servire come contorno. Servire con riso o pane pita.

Timballo di salmone con crema di aneto

Tempo totale circa: 1 ora e 5 minuti

Ingredienti

225 g di filetto/i di salmone
1 uovo/i
2 cucchiai di vino bianco secco
|Sale e pepe
6 cucchiai di "creme fraîche
6 cucchiai di crema
|burro per i pirottini
1 mazzo|di aneto
2 cucchiai|di yogurt
⅛ litro|di olio di canola

2 cucchiai|di panna
2 cucchiaini|di aceto dolce
2 tuorli

Preparazione

Per prima cosa, tagliare il pesce a cubetti (circa 1 x 1 cm) e metterlo nel congelatore per 10 - 15 minuti (in modo che non si scaldi troppo e non flocculi quando lo si frulla più tardi). Condire con sale e pepe. Ora preriscaldare il forno a 125°C. Ridurre in purea il salmone ben raffreddato con l'albume e il vino bianco, condire con sale e pepe. Aggiungere la crème fraîche e la panna. Versare la farsa in timballi unti o in piccoli piatti da soufflé e cuocere a bagnomaria nel forno per 20 minuti. Nel frattempo, fare una maionese con l'olio di canola, i tuorli d'uovo e l'aceto. Mescolare la maionese con lo yogurt e la panna e fare una salsa. Tritare finemente l'aneto e incorporarlo. Rovesciare i timballi finiti su un piatto, guarnire con l'aneto ed eventualmente del caviale o delle fette di uova sode e servire con la salsa.

Capesante in consommé d'aglio

Tempo totale circa: 25 minuti

Ingredienti

1 bulbo/i di aglio, tagliato/i a spicchi e non sbucciato/i
1 gambo/i di sedano, tritato/i
1 carota/e tritata/e
1 cipolla/e tritata/e
10 grani di pepe
5 rametti di prezzemolo fresco
1 ¼ di litro d'acqua
|Sale e pepe
225 g di capesante
1 cucchiaio di olio
|coriandolo, fresco, per guarnire.

Preparazione

Mettere gli spicchi d'aglio, il sedano, la carota, la cipolla, i grani di pepe, il prezzemolo e l'acqua in una grande pentola con un grosso pizzico di sale. Portare a ebollizione, ridurre la fiamma e cuocere a fuoco lento con il coperchio inclinato per 35-40 minuti. Filtrare il brodo in una pentola pulita. Condire a piacere e tenere in caldo. Tagliare le cozze a metà orizzontalmente. Tagliare le cozze grandi in tre fette uguali. Condire con sale e pepe. Scaldare l'olio in una padella a fuoco medio e soffriggere la carne di vongole per 1-2 minuti. Disporre la carne di vongola, lato rosolato in alto, su quattro piatti. Versare il brodo caldo intorno e servire immediatamente guarnito con foglie di coriandolo.

Marmellata di gelsi mescolata a freddo

Tempo totale circa: 10 minuti

Ingredienti

200 g|mirtilli neri appena raccolti
3 cucchiaini da tè, gestr.|Biobin, (farina di semi di carrube)
10 gocce di dolcificante o zucchero
5 cucchiai di succo di limone

Preparazione

Selezionare solo i gelsi, non lavarli. Tritare finemente in un contenitore alto con un frullatore. Aggiungere il dolcificante e il succo di limone e continuare a frullare. Ora aggiungete il Biobin fino a quando non si addensa. Finito. Trasferire in un barattolo e conservare sigillato in frigorifero fino a una settimana. Per allora dovrebbe esaurirsi! Potete farlo anche con altri frutti, ma fate sempre piccole quantità perché non si conserva a lungo.

Bistecche di maiale con zucchine

Tempo totale circa: 20 minuti

Ingredienti

5 zucchine piccole
2 cucchiai di olio
|sale e pepe del mulino
150 ml|di brodo vegetale
4 cucchiai di panna acida
4|bistecche di maiale minute da 120 g ciascuna

Preparazione

Pulire, lavare e affettare sottilmente le zucchine. Scaldare 1 cucchiaio d'olio in una padella e friggervi le fette di zucchina, mescolando di tanto in tanto, per 3 o 4 minuti, condire con sale e pepe. Ridurre la fiamma, versare il brodo, coprire e far sobbollire brevemente le zucchine fino a quando sono appena tenere. Infine, mescolare la panna acida. Lavare le bistecche minute e asciugarle con carta assorbente. Scaldare 1 cucchiaio di olio in una seconda padella e friggervi le bistecche per 2 o 3 minuti per lato. Poi condite con sale e pepe. Disporre le verdure zucchine con le bistecche sui piatti e guarnire con involtini di erba cipollina, se lo si desidera. Il miglior accompagnamento è il purè di patate. Per porzione: calorie: 216, proteine: 28 g, grassi: 10 g, carboidrati: 2 g.

Frittata con verdure al peperone

Tempo totale circa: 20 minuti

Ingredienti

2|peperoni rossi
2 cipolle grandi, bianche
6 cucchiai di olio d'oliva
1 cucchiaino|di sciroppo, (sciroppo di riso, dal negozio biologico)
|sale e pepe del mulino
5 uova
200 ml|latte, a basso contenuto di grassi
2 cucchiai di parmigiano, grattugiato fresco

Preparazione

Tagliare i peperoni a metà nel senso della lunghezza, togliere i semi, lavarli e tagliarli nel senso della lunghezza a strisce sottili. Sbucciare le cipolle e tagliarle anch'esse a strisce sottili nel senso della lunghezza. Scaldare 2 cucchiai d'olio in una padella, friggere brevemente i peperoni e le cipolle e aggiungere lo sciroppo di riso. Ridurre il fuoco e cuocere a vapore le verdure, coperte, per 15 minuti. Mescolare di tanto in tanto. Condire le verdure alla paprika con sale e pepe. Preriscaldare il forno a 100°C. Sbattere le uova in una ciotola. Aggiungere il latte, il parmigiano, il sale e il pepe. In una grande padella, scaldare 1 cucchiaio di olio alla volta e cuocere 4 omelette, una alla volta, utilizzando il composto di uova. Tenere le omelette al caldo nel forno caldo fino a quando tutte sono cotte. Dividere le omelette tra i piatti preriscaldati, coprire con le verdure e cospargere con foglie di salvia fresca, se lo si desidera. Piegare le omelette, condire abbondantemente con pepe e servire. Per porzione: calorie: 345, proteine: 15 g, grassi: 26 g, carboidrati: 12 g.

Verdure leggere alle zucchine

Tempo totale circa: 5 minuti

Ingredienti

1 zucchina
50 ml|di brodo vegetale
2 cucchiai di pasta di pomodoro
eventualmente|sale e pepe

Preparazione

Lavare le zucchine e tagliarle in piccole strisce. Scaldare il brodo vegetale in una padella e poi versare le zucchine. Lasciate bollire il tutto fino a quando le strisce di zucchina non saranno morbide o l'acqua non sarà evaporata. Poi mescolare il concentrato di pomodoro e condire con sale e pepe se necessario.

Gelato alla ciliegia e soia

Tempo totale circa: 4 ore 35 minuti

Ingredienti

400 g di amarene, fresche o in barattolo, sgocciolate
50 ml di succo di ciliegia
2 cucchiai|di fruttosio
1 pizzico di cannella in polvere
500 ml|di latte di soia (bevanda di soia) (bevanda di soia al gusto di vaniglia)
½ cucchiaino|di scorza di limone, non trattato, grattugiato
alcune ciliegie fresche per guarnire

Preparazione

Lavare e snocciolare le amarene. Poi mescolare le amarene con il succo di ciliegia e il fruttosio in una casseruola e cuocere a fuoco lento per 5 minuti. Condire a piacere con la cannella in polvere. Ridurre in purea le amarene con il succo e lasciare raffreddare. Mescolare la purea di ciliegie con la bevanda di soia e la scorza di limone. Versare il composto di ciliegie in una ciotola di metallo e congelare in freezer per 3 - 4 ore. Durante questo tempo, mescolare bene ogni 30 minuti. Disporre il gelato di soia e ciliegie in modo decorativo e servire guarnito con ciliegie fresche.

Pesce gratinato con crema di formaggio - crosta di erbe

Tempo totale circa: 30 minuti

Ingredienti

600 g|di filetto/i di pesce
|Sale e pepe
1 cucchiaio di olio d'oliva
2 cucchiai di basilico tritato
2|spicchio(i) d'aglio, tritato

2|pomodori, (circa 300 g)
2 zucchine piccole (circa 300 g)
150 g|di formaggio fresco, a basso contenuto di grassi, con erbe
5 cucchiai di vino bianco secco
2 cucchiai di pangrattato

Preparazione

Scottate, pelate, spellate e tagliate a dadini i pomodori. Lavare i filetti di pesce sotto l'acqua fredda, asciugarli con carta da cucina. Condire con sale e pepe. Spennellare il fondo di una teglia poco profonda con olio d'oliva. Disporre i filetti, spargervi sopra il basilico, l'aglio e i pomodori a cubetti. Tagliare le zucchine a fette sottili, disporle a scaglie sopra i filetti e cospargerle di sale. Mescolare il formaggio cremoso con il vino bianco e il pangrattato e ricoprire i filetti con esso. Cuocere in forno preriscaldato a 200°C per 20 minuti.

Spuntino al melone

Tempo totale circa: 20 minuti

Ingredienti

1 melone/i al miele
400 g di ricotta
1 mela
1 cucchiaio di succo di limone
|cannella, polvere
|Dolcificante, liquido

Preparazione

Tagliare il melone in 4 pezzi, rimuovere i semi. Tagliare la polpa, tranne 1 cm, e tagliarla a cubetti. Mescolare la ricotta con la mela grattugiata, il succo di limone e il dolcificante, riempire le parti di melone con essa, coprire con i cubetti di polpa di frutta, cospargere di cannella, raffreddare bene.

Riso - zucchine - padella con diverse erbe

Tempo totale circa: 20 minuti

Ingredienti

125 g di riso (a chicco lungo), cotto (peso grezzo)
2 zucchine medie
1 cipolla media
1 cucchiaino|di sambal oelek
2 cucchiai di olio (olio all'aglio)
½|limone(i), il suo succo e un po' di scorza (biologico)
|Sale e pepe
|erbe, come aglio selvatico, erba cipollina, cerfoglio, erba cipollina, ecc. a seconda della stagione
100 g di formaggio, grattugiato, varietà a piacere

Preparazione

Lavare le zucchine, tagliarle a fette sottili con un affetta cetrioli e poi sbollentarle. Soffriggere la cipolla e le zucchine insieme nell'olio all'aglio in una padella. Aggiungere il riso cotto e condito, il succo di limone e la buccia grattugiata. Mescolare le erbe tritate finemente e il sambal oelek. Infine, mescolate il formaggio. Se ne avete ancora, potete anche aggiungere il pesto di aglio selvatico. Questo è un piatto vegetariano. Una zuppa può essere servita come antipasto, come la crema di asparagi.

Verdure - Paella

Tempo totale circa: 25 minuti

Ingredienti

200 g di riso naturale
2 zucchine piccole, lavate, tagliate in piccoli pezzi
2 peperoni piccoli, puliti, tagliati in piccoli pezzi
1 melanzana(e) media(e)
1|cipolla(e), tagliata(e) a dadini

200 g|fagioli bianchi (in scatola), scolati
30 g di semi di girasole
1|spicchio(i) d'aglio, schiacciato
¾ di litro di brodo vegetale
2 cucchiai di olio d'oliva
|Sale
|pepe
| santoreggia
|polvere di zenzero

Preparazione

Cuocere il riso in 1/2 litro di brodo vegetale secondo le istruzioni della confezione. Tagliare le melanzane a metà e cospargerle di sale. In questo modo si formeranno delle gocce d'acqua - sciacquatele e asciugatele. Sbucciare e tagliare a dadini la cipolla e rosolarla in olio caldo insieme allo spicchio d'aglio schiacciato. Aggiungere le verdure lavate e tritate alle cipolle. Aggiungere il brodo rimanente e cuocere il tutto per circa 8-10 minuti. Condire a piacere con le spezie e la santoreggia. Aggiungere il riso cotto con i fagioli bianchi alle verdure e lasciare riposare per altri 2 minuti. Tostare i semi di girasole in una padella asciutta e cospargerli sopra la paella alla fine. Servire immediatamente.

Farro verde - paprika - spread

Tempo totale circa: 15 minuti

Ingredienti

25 g di farro verde cotto
25 g di cipolla/e
50 g di pepe/i
50 g di burro
|pepe di Caienna
|pepe in polvere
|origano
|pepe

|Sale

Preparazione

Cuocere il farro verde in poca acqua fino a quando è morbido. Tritare le cipolle, tagliare i peperoni a cubetti fini e mescolare con il burro. Condire a piacere con le spezie. Una porzione equivale a 30 grammi. Proteine : 1 grammo Grassi : 9 grammi Carboidrati : 4 grammi Unità di pane: 0,25

Jello senza calorie

Tempo totale circa: 1 ora e 15 minuti

Ingredienti

250 ml|tè, tè alla frutta o succo di frutta rossa non zuccherato
½ cucchiaino|dolcificante, liquido
3 foglie di gelatina rossa

Preparazione

Mettere in infusione bene il tè alla frutta (io uso 3 bustine per 250 ml di acqua) o riscaldare il succo di frutta. Immergere le foglie di gelatina in un po' di acqua calda o mescolare 1/2 sacchetto di gelatina macinata direttamente nel liquido. Aggiungere il dolcificante. Versare il tutto in due ciotole di servizio. Lasciare riposare in frigorifero dopo il raffreddamento iniziale. WW: 0 p., 0 Kcal, aggiungere 4 cucchiaini di latte condensato al 4% =0,5 p. extra

Verza con patate

Tempo totale circa: 50 minuti

Ingredienti

1|cipolla(e), tagliata finemente
1 cucchiaio di burro
400 g di patate, farinose, tagliate a cubetti
400 g|verdure a scelta, tagliate a dadini

2 dl|di brodo vegetale, forte
|Sale e pepe
3 spicchio/i d'aglio, spremuto/i
800 g di verdure (verza)
|noce moscata

Preparazione

Dividere la verza in foglie, tagliare le vene spesse delle foglie in modo piatto. Sbollentare le foglie a porzioni in acqua salata per circa 2 minuti, togliere, mettere brevemente in acqua fredda, scolare. Mettere da parte 8 foglie grandi, tritare grossolanamente il resto, mettere da parte per il ripieno. Soffriggere la cipolla nel burro caldo. Cuocere a vapore le patate, le verdure tagliate a dadini e la verza tritata per circa 3 minuti. Aggiungere il brodo, portare a ebollizione, ridurre la fiamma, coprire e cuocere a fuoco lento per circa 15 minuti. Togliere il coperchio e cuocere a fuoco lento per altri 5 minuti fino a quando le patate e le verdure sono tenere. Condire il ripieno e metterlo in una ciotola. Formare: mettere 1 foglia di wirz in un grande mestolo da minestra, mettere il ripieno nell'incavo, premere leggermente, ripiegare i bordi della foglia, capovolgere il pacco in un piatto da gratin. Dare forma ai pacchetti rimanenti nello stesso modo. Aggiungere il brodo, spalmare i fiocchi di burro, coprire la forma con un foglio di alluminio o un coperchio. Brasare per circa 20 minuti al centro del forno preriscaldato a 220°C. Nota: se mangiate carne, potete mettere delle strisce di prosciutto fritto sopra i pacchetti alla fine. Oppure potete avvolgere i pacchetti salati con una fetta di pancetta. I pacchetti sono molto buoni anche al forno con una salsa di formaggio bianco. In questo caso, però, dovreste mettere il piatto nel forno senza il coperchio. Questo renderebbe il piatto molto più pesante. Al posto della verza, si potrebbero usare anche le bietole.

Lattuga d'agnello

Tempo totale circa: 30 minuti

Ingredienti

2 cucchiai di olio (olio di noci)
50 g|fiocchi d'avena, (Köllns Echte Kernige)
|saleiodato
|pepe nero
|pepe di Caienna
125 g di insalata di campo
1|carota(e)
3 cucchiai|di aceto balsamico
2 cucchiaini|di zucchero
|sale e pepe
4 cucchiai|di olio (olio di noci)

Preparazione

Scaldare l'olio in una padella e tostare delicatamente la farina d'avena. Cospargere con un pizzico di sale, pepe e pepe di Caienna e tostare a fuoco medio fino a doratura. Selezionare la lattuga d'agnello, lavarla e farla asciugare, pelare la carota e grattugiarla a strisce sottili. Mettere in una ciotola con la lattuga d'agnello. Per il condimento, mescolare l'aceto con lo zucchero e un pizzico di sale e pepe. Aggiungere l'olio e sbattere il condimento fino a renderlo spumoso. Versare sull'insalata e mescolare il tutto. Servire cosparso di scaglie tostate piccanti.

Cavolfiore indiano al curry con yogurt

Tempo totale circa: 10 minuti

Ingredienti

500 g|di cavolfiore
450 g di yogurt magro
200 g|pomodoro/i, scolati
1 cipolla media, tagliata finemente
3 cucchiai|di pasta di curry, dolce, indiano

|sale
peperoncino, se desiderato
eventualmente|aglio

Preparazione

Tagliare il cavolfiore in piccole cimette di circa la stessa dimensione, che si possono mettere in bocca senza problemi... Si mescolano tutti gli ingredienti (auper peperoncino e aglio), senza aggiungere acqua, si mettono in una padella rivestita. Mettere il coperchio e scaldare prima a fuoco più alto, poi cuocere a fuoco più basso per 5 - 6 minuti fino a quando il cavolfiore non è più crudo ma ancora bello sodo al morso (nota: se il cavolfiore rimane ora nella padella, si cuocerà troppo, quindi toglierlo per impiattare per servire o metterlo in una ciotola poco profonda a raffreddare). Servire caldo come contorno, raffreddato su un buffet freddo o (senza la salsa) con spiedini da cocktail in piccole ciotole da aggiungere a un whodunit (al posto delle patatine...). Può essere conservato in frigorifero per 2 giorni. Le quantità di cui sopra possono essere variate a piacere. Per esempio, se si preferisce una piccantezza molto mite, si potrebbe iniziare con 1 cucchiaio di pasta di curry. Gli irriducibili aggiungono il peperoncino. Ho deliberatamente omesso l'aglio qui, ma se non potete farne a meno, potete aggiungere 1 -2 spicchi. Come contorno, la quantità menzionata è sufficiente per 2 - 3 persone. Come spuntino serale, a volte mangio il chilo di cavolfiore da solo ... Il tutto ha un buon sapore anche con le patate, ma allora prolungate notevolmente il tempo di cottura, a meno che non vi piacciano le patate dure.

Tre tipi di - Gsälz

Tempo totale circa: 30 minuti

Ingredienti

340 g|di lamponi
340 g di ribes rosso

340 g|Ciliegie acide
1 sacchetto|Gelfix, 3 : 1
350 g|Zucchero, (come fruttosio alternativo)
1 bustina/e di acido citrico o del succo di limone

Preparazione

Lavare e togliere i gambi dal ribes rosso, snocciolare le amarene, pulire accuratamente i lamponi, mettere tutto in una grande casseruola, mescolare con Gelfix e zucchero, se necessario usare un frullatore a mano per schiacciare la frutta. Portare a ebollizione mescolando, far bollire per almeno 3 minuti fino a quando non fa le bolle, schiumare se necessario. Versare la marmellata in vasetti a vite scrupolosamente puliti e sciacquati a caldo e chiudere ermeticamente ancora caldi.

Teglia di verdure con crema di formaggio granulare

Tempo totale circa: 20 minuti

Ingredienti

1|zucchina
1|Melanzana(e)
1|Paprika(e), gialla
2|pomodoro/i
2|carota/e
1 tazza di formaggio fresco, granuloso
|Sale e pepe
|Erbe, a piacere
|olio o burro

Preparazione

Pulire e lavare le verdure. Tagliare a fette sottili le zucchine e le carote, tagliare a dadini le melanzane, i peperoni e i pomodori e friggerli in poco olio o burro. Alla fine, aggiungere la crema di formaggio granulare e riscaldare ancora brevemente. Condire a piacere. Servire con carne/pesce di qualsiasi tipo o semplicemente con baguette o ciabatta.

Gnocchi gratinati su letto di melanzane e pomodori

Tempo totale circa: 10 minuti

Ingredienti

3 fette di melanzane (1 cm di spessore)
6 cucchiaini di succo di pomodoro da una lattina
(per esempio da pomodori pelati)
6 gnocchi di patate
3 cucchiaini da tè, colmi|di formaggio fresco,
a basso contenuto di grassi
1 pizzico di rafano (non un prodotto in crema)
|Sale e pepe
|maggiorana

Preparazione

Per prima cosa, le fette di melanzana vengono salate e lasciate riposare per 20 minuti. L'acqua viene asciugata. Nel frattempo, cuocere o scongelare gli gnocchi secondo le istruzioni e preparare il resto degli ingredienti. Preriscaldare il forno a 200°C (calore superiore/inferiore). Dopo il tempo di riposo, pepare e salare le melanzane e disporle una accanto all'altra in una teglia. Spennellare con il succo di pomodoro. Disporre 2 gnocchi su ogni fetta e pepare di nuovo leggermente. Mescolare la ricotta con il rafano e spalmare sulle torrette. Infine cospargere con la maggiorana (io l'avevo essiccata). Cuocere in forno per 15 minuti. Consiglio questo piatto sia come antipasto di un menu più grande, come brunch, o da solo come piatto principale per una persona a dieta. Per porzione (3 torri) 120 kcal. WW: 2,1 P.

Variazione di porri

Tempo totale circa: 20 minuti

Ingredienti

2 gambi di porro, lavati e tagliati ad anelli
300 ml|di brodo vegetale
1 cucchiaio|di formaggio fresco o panna acida
|sale e pepe
un po' di senape
a piacere|pomodori da cocktail
a piacere|patate
per assaggiare|carota(e)
a piacere|filetto(i) di petto di pollo

Preparazione

Mettere gli anelli di porro in una pentola e coprire quasi completamente con il brodo. Aggiungere la crema di formaggio e la senape e condire con sale e pepe. Lasciare ridurre a piacere, insaporendo di nuovo prima di servire. Questo è molto gustoso come contorno di verdure con pesce e arrosti corti. Come sugo per la pasta, lasciarlo un po' più sottile e aggiungere alcuni pomodori cocktail tagliati a metà verso la fine, se lo si desidera (aggiungere sempre un po' di zucchero o dolcificante liquido con i pomodori). Come stufato, aggiungere alcune patate e carote tagliate a dadini e alcuni cubetti di filetto di petto di pollo e far cuocere a fuoco lento fino a quando le patate sono cotte.

Pomodori ai broccoli

Tempo totale circa: 50 minuti

Ingredienti

500 g di broccoli
|acqua salata
8|pomodori da carne
1 mazzo|di prezzemolo, piatto, tritato finemente
150 g|di formaggio (Gruyère)
2 spicchio/i d'aglio

2 cucchiai di olio d'oliva
un po' di|sale e pepe del mulino

Preparazione

Pulire i broccoli e dividerli in cimette, sbucciare i gambi e tagliarli in piccoli pezzi. Cuocere in poca acqua salata o al vapore fino a quando sono appena teneri. Sciacquare con acqua fredda e scolare bene. Poi tritare grossolanamente i broccoli. Mettere i broccoli e il prezzemolo in una ciotola, schiacciare l'aglio e aggiungere l'olio d'oliva. Togliere la crosta al Gruyère e grattugiarlo con una grattugia rösti o tagliarlo a cubetti molto piccoli. Mescolare bene il tutto e condire con il pepe. Preriscaldare il forno a 200°C. Tagliare un coperchio dei pomodori in senso trasversale e togliere con cura i semi e il setto. Condire l'interno delle metà di pomodoro con sale e pepe, poi riempirle con il composto di broccoli. Mettere le verdure in un piatto da gratin unto. Cuocere i pomodori in forno a 200°C sulla seconda griglia dal basso per circa 20 - 25 minuti. La superficie dovrebbe essere leggermente dorata.

Pacchetti di fagioli in pasta sfoglia

Tempo totale circa: 25 minuti

Ingredienti

700 g di fagioli (fagioli francesi)
200 g di formaggio (formaggio da raclette,
48% di grasso sulla sostanza secca)
4 fette di pasta sfoglia (congelate, circa 60 g)
1 tuorlo d'uovo
|sale
a piacere|rosmarino

Preparazione

Per prima cosa puliamo i fagioli e poi li facciamo bollire in poca acqua salata per circa 10 minuti fino al dente, poi li scoliamo e li facciamo raffreddare. Dopo il raffreddamento, dividere i fagioli in otto pacchetti uguali, cospargere di rosmarino e avvolgere ogni pacchetto in una sottile fetta di formaggio. Scongelare la pasta sfoglia, dividere ogni foglio una volta e stenderla in modo che i pacchetti di fagioli entrino in un pezzo di pasta ciascuno. Ora premiamo bene i bordi dei pacchetti ripieni e li decoriamo con la pasta avanzata, se necessario. Infine, sbattiamo il tuorlo d'uovo e spennelliamo le tasche con esso. Cuocere in forno preriscaldato a 200°C per circa 20 minuti. Si ottengono 2 pacchetti di pasta sfoglia a persona. Nota: Insieme a una porzione di insalata (senza condimento grasso per l'insalata) questo piatto rappresenta un pasto principale.

Bruschetta

Tempo totale circa: 20 minuti

Ingredienti

1 ciabatta o baguette
6 grandi pomodori
1 mazzo|di basilico, tritato
3 cucchiai di olio d'oliva
2 spicchi d'aglio grandi, dimezzati

Preparazione

Lavate, dividete in quarti, piantate i semi e tagliate a dadini i pomodori. Metteteli in una ciotola. Aggiungere il basilico tritato e l'olio d'oliva. Mettere il pane scelto nel forno a 180°C a convezione (senza preriscaldamento) per circa 10 minuti. Tirarlo fuori, affettarlo e strofinarlo con gli spicchi d'aglio tagliati a metà. Distribuire i pomodori sulle fette di pane e servire.

Yogurt - Erbe - Condimento

Tempo totale circa: 1 ora e 10 minuti

Ingredienti

200 ml|Cremefine (per montare)
150 g|Yogurt, magro, 0,1%.
½|calce, non trattata
1 cucchiaino|di zucchero
|Sale e pepe
1 mazzo|di aneto o prezzemolo

Preparazione

Cremefine e yogurt vengono mescolati insieme, la scorza del lime viene sbucciata e aggiunta tagliata piccola. Si mescola il succo di mezzo lime e lo zucchero. Un piccolo mazzo di aneto o prezzemolo viene tritato e aggiunto. Il condimento si condisce con sale e pepe e si mescola all'insalata quando è ben raffreddata. Il condimento si conserva in un barattolo a vite per 3-4 giorni in frigorifero. Io uso questo condimento non solo per le insalate di verdure, ma anche per l'insalata di pasta o anche come salsa per bastoncini di verdure o baguette.

Spaghetti in casseruola

Tempo totale circa: 30 minuti

Ingredienti

400 g di spaghetti
100 g di prosciutto cotto
500 g|Pomodoro/i fresco/i
400 g|Funghi freschi
250 g|foglie di pinaci, freschi o congelati
1 cipolla/e
1|spicchio(i) d'aglio
1 cucchiaino|di olio
150 ml|di latte condensato, 4
|Sale
|pepe
|peperoncino in polvere, o fiocchi
|erbe, italiane

4 cucchiai di formaggio, Gouda light grattugiato (30%)
½ cucchiaino|di zucchero, marrone

Preparazione

Cuocere gli spaghetti leggermente al dente in acqua salata. Tagliare a dadini i pomodori, le cipolle e il prosciutto cotto. Affettare i funghi. Far crollare brevemente le foglie di spinaci, se freschi, in acqua calda. Scaldare 1 cucchiaio d'olio in una padella, aggiungere la cipolla tagliata a dadini e soffriggere. Poi aggiungere i cubetti di prosciutto. Poi aggiungere i cubetti di pomodoro, l'aglio schiacciato o tritato finemente e lo zucchero di canna. Lasciare bollire un po' e aggiungere gli spinaci e i funghi. Dopo che tutto ha sobbollito un po', aggiungere la crema di caffè e condire il tutto con le spezie. Mettere la metà degli spaghetti cotti in una pirofila da forno, e coprirli con il composto di verdure e prosciutto. Poi mettete il resto degli spaghetti in cima e cospargete il Gouda. Se volete, potete anche aggiungere un uovo sbattuto, in modo che la casseruola si attacchi bene. Cuocere in forno a 180°C (forno a convezione) per circa 20-30 minuti fino a quando il formaggio è dorato.

Cosce di pollo in foglio di alluminio all'italiana

Tempo totale circa: 45 minuti

Ingredienti

2 cosce di pollo
2 cucchiai di pangrattato
2 foglie di salvia o 1 pizzico di salvia in polvere
1 rametto di rosmarino, lungo circa 10 cm
o 1/2 cucchiaino essiccato
1 cucchiaino|di sale
1 pizzico(i) di pepe
|foglio di alluminio

Preparazione

Preriscaldare il forno a 180°C. Preparare 4 fogli di alluminio di circa 30 x 30 cm. Separare le cosce di pollo alle articolazioni. Togliere la pelle. Togliere gli aghi di rosmarino dal ramo, tritare con 2 foglie di salvia. Mettere in un piatto fondo con 2 cucchiai di pangrattato e 1 cucchiaino di sale e mescolare bene. Lavare i pezzi di coscia di pollo, ma non asciugarli. Rotolare un pezzo di pollo alla volta nella miscela di pane grattugiato e metterlo su un foglio di alluminio. Chiudere bene il foglio di alluminio, mettere i pacchetti in una teglia e cuocere in forno preriscaldato a 180°C per circa 30 minuti, a seconda delle dimensioni dei pezzi di pollo. Si accompagna bene con pane bianco, verdure al forno o insalata. Si possono anche mescolare altre spezie nel pangrattato a piacere, come uno spicchio d'aglio tritato finemente, prezzemolo, timo o origano. Per una versione più sostanziosa, cioè non dietetica, spennellate il foglio di alluminio con un po' di olio d'oliva o burro prima di condire. Inoltre, dopo 10 minuti, mettete la pelle rimossa nella teglia accanto ai pacchetti di alluminio, aggiungete il sale e lasciate arrostire fino a quando non diventa croccante.

Insalata di piselli con avocado e menta

Tempo totale circa: 20 minuti

Ingredienti

500 g di piselli, freschi, spezzati (in alternativa congelati)
1|avocado/i
5 foglie di menta fresca
|olio d'oliva
1 spremuta di succo di limone, fresco
|sale e pepe

Preparazione

Cuocere i piselli al dente (al vapore, in umido). Poi lasciate raffreddare. Sbucciare l'avocado e tagliarlo a cubetti. Mettere i piselli e l'avocado in una ciotola.

Aggiungere sale, pepe, olio d'oliva, succo di limone e menta tritata finemente e mescolare delicatamente.

Yogurt - muesli croccante con macedonia di frutta

Tempo totale circa: 10 minuti

Ingredienti

300 g di yogurt naturale
1 cucchiaio|di miele
4 cucchiai|fiocchi d'avena
6 cucchiai|muesli (muesli croccante o cornflakes)
1 cucchiaio di noci, tritate
400 g di frutta fresca di stagione
1 cucchiaino|di succo di limone
2 cucchiai di succo d'arancia

Preparazione

Mescolare lo yogurt con il miele fino ad ottenere un composto omogeneo, quindi unire la farina d'avena, il muesli o i cornflakes e le noci. Per la macedonia, lavare la frutta, sbucciarla se necessario e tagliarla a pezzi, cospargerla di succo di limone e di arancia e mescolarla bene. Versare i cereali in ciotole di servizio e coprirli con la macedonia di frutta.

Pollack al pomodoro

Tempo totale circa: 45 minuti

Ingredienti

750 g di filetto/i di merluzzo
4 cipolle medie
1 cucchiaio|di olio
3 cucchiai|di formaggio Gouda o Emmental, grattugiato
|Senape, calda
2 cucchiaini di timo secco o 1 cucchiaio di timo fresco tritato

|burro o margarina per ungere la teglia
|sale e pepe
500 g di pomodori

Preparazione

Sciacquare il filetto di merluzzo sotto acqua corrente fredda e asciugarlo. Mettere i pomodori brevemente in acqua bollente. Poi togliere la pelle, tagliarli a fette e condirli bene con sale e pepe. Sbucciare le cipolle e tagliarle ad anelli. Scaldare l'olio in una padella e farvi sudare gli anelli di cipolla per circa 5 minuti fino a quando saranno traslucidi. Nel frattempo, salate e pepate il pesce, spalmatelo con la senape e tagliatelo a strisce larghe 3 cm. Ungere una pirofila e disporre alternativamente a ventaglio i pomodori, il pesce e gli anelli di cipolla. Cospargere il tutto con il timo e spalmare il formaggio (io spesso metto anche il formaggio a fette, 1 fetta per porzione). Mettere il piatto in forno. Il tempo di cottura nel forno preriscaldato è di 25 minuti a 200 - 225 °C calore superiore/inferiore o infra arrosto, che è aria calda con calore superiore. Lì diventa il migliore. Contorno: patate al prezzemolo e insalata verde.

Mousse leggera alle fragole

Tempo totale circa: 3 ore e 30 minuti

Ingredienti

300 g di fragole congelate
400 g di fragole fresche
1 confezione di gelatina (istantanea)
250 g di quark magro
q.b.|succo di limone
a piacere|dolcificante, miele o zucchero
a piacere|cioccolato bianco

Preparazione

Scongelare le fragole congelate e schiacciarle. Tagliare le fragole fresche in piccoli cubetti. Ora mettete la purea di fragole in una piccola casseruola sul fuoco e scaldate leggermente. Aggiungere la gelatina istantanea e continuare a mescolare fino a quando non si scioglie. Dolcificare a piacere e/o aggiungere succo di limone. Ricordatevi di aggiungere un po' più di condimento, dato che la cagliata e gli albumi saranno ancora aggiunti. Mescolare le fragole fresche nella purea e mettere in frigo il composto per circa 30 minuti. Togliere la mousse di fragole dal frigorifero e mescolare con il quark magro. Sbattere gli albumi a neve e incorporarli con cura. Raffreddare la mousse per almeno 2 ore e poi servire, decorata con cioccolato bianco se si desidera.

Katsuo - Dashi

Tempo totale circa: 6 ore 10 minuti

Ingredienti

700 ml|acqua
12 g di Konbu (alga)
15 g|Bonito - fiocchi (Katsuo)

Preparazione

Pulire il konbu una volta con carta da cucina. Mettere il konbu in una pentola, versare acqua e lasciarlo riposare per una notte (almeno 30 minuti). Portare il contenuto della pentola a ebollizione a fuoco medio (senza il coperchio). Poco prima che l'acqua arrivi ad ebollizione, togliere il konbu dalla pentola Non lasciarlo bollire o il brodo avrà un sapore amaro. Abbassare il fuoco, aggiungere i fiocchi di bonito alla pentola e portare il tutto ad ebollizione per 1-2 minuti. Se necessario, schiumare. 　Togliere la pentola dal fuoco. Solo quando i fiocchi si sono depositati sul fondo, versare il brodo attraverso un setaccio (o meglio attraverso un setaccio foderato con un panno filtrante). Non schiacciare il sedimento nel setaccio, altrimenti il brodo diventerà torbido. Il brodo si conserva fresco in frigorifero per 2 giorni.

Peperoni con miglio - funghi - ripieno

Tempo totale circa: 45 minuti

Ingredienti

150 g di miglio
1 litro di brodo vegetale
4|peperoni rossi o gialli
1 mazzo|di cipolla(e) di porro
500 g|champignons
20 g|margarina
50 g di panna acida
100 ml|latte, 1,5% di grasso
2 cucchiai di farina
100 g|di formaggio, 30%f.i.d.
|pepe
1 scatola|di crescione

Preparazione

Lavare il miglio, bollirlo in 600 ml di brodo, coprirlo e lasciarlo gonfiare per circa 20 minuti a bassa temperatura. Tagliare la parte superiore di ogni peperone; togliere i semi e lavare i peperoni. Pulire il cipollotto e i funghi e tagliarli ad anelli sottili o a fette. Scaldare il grasso in una padella e soffriggere i funghi. Togliere la metà e mettere da parte.
Soffriggere brevemente i cipollotti e spolverare con la farina. Aggiungere il brodo rimanente e il latte e portare a ebollizione. Aggiungere la panna acida e il crescione, condire a piacere. Grattugiare il formaggio. Mescolare il miglio, metà del formaggio e i funghi messi da parte e condire a piacere. Riempire i peperoni e mettere il coperchio. Mettere la salsa di funghi e i peperoni in una pirofila e cospargere con i pezzi di formaggio rimanenti. Infornare a 175°C per circa 45 minuti.

Salsa di verdure con zucchine,

peperoni e pomodoro

Tempo totale circa: 20 minuti

Ingredienti

3|zucchine (zucchetti, zucca vegetale o cetriolo)
1 barattolo/i piccolo/i di pomodoro, pelato/i in succo di pomodoro, 400 g
1|peperone/i rosso/i
4 cucchiai di pasta di pomodoro, 3 volte concentrato
|Sale e pepe
|aceto balsamico
6 cucchiai di olio d'oliva
4 cipolle medie, rosse

Preparazione

Per fare la salsa di verdure, rosolare leggermente le cipolle tagliate a dadini sottili in olio d'oliva. Le zucchine vengono tagliate a dadini - così come il peperone - e aggiunte alle cipolle e anch'esse leggermente soffritte. Si aggiunge il concentrato di pomodoro e si mescola con un po' d'acqua, brodo o vino bianco fino ad ottenere un composto omogeneo. Ora si tritano i pomodori in scatola e si aggiungono al mix di verdure. Aggiungere sale e pepe e lasciare cuocere per un po' a fuoco moderato fino a raggiungere la consistenza desiderata delle verdure. Condire con un po' di aceto balsamico - se vi piace. Le quantità sono variabili. Si sposa bene con pasta, patate, gnocchi di patate, purè di patate, hash browns....

Padella di funghi italiani con erbe

Tempo totale circa: 40 minuti

Ingredienti

150 g di cipolla/e, scalogno/i
2 spicchio/i d'aglio

1 kg|funghi (misti), per esempio funghi ostrica,
shitake, erbe, champignon
1 peperone/i grande/i, (rosso/i)
4 pomodori di media grandezza
2 rametti di rosmarino
5 rametto/i di timo limone
30 g di pinoli
100 g di asparagi
2 cucchiai di aceto balsamico
|sale
|pepe
un po' di zucchero
un po' di grasso di burro

Preparazione

Sbucciare e tagliare finemente gli scalogni e l'aglio. Soffriggere in un po' di burro chiarificato in una grande padella a fuoco medio. Condire con sale, pepe e un po' di zucchero e arrostire lentamente fino a doratura. Trasferire in una ciotola. Spuntare gli aghi di rosmarino dai rametti, grattugiare il timo limone e tritare finemente entrambi. Pulire i funghi, tagliare a metà o in quarti, tagliare a dadini i funghi alle erbe. Aggiungere di nuovo un po' di burro chiarificato alla padella, soffriggere i funghi in porzioni con le erbe a fuoco alto e aggiungere agli echalots. Solo allora condire con sale e pepe. Molto importante, non friggere troppi funghi in una volta sola, altrimenti aspirano acqua e il sapore arrostito non può svilupparsi. Togliere i semi dai peperoni e dai pomodori e tagliarli a cubetti. Friggere con i pinoli. Aggiungere la miscela di funghi e cipolle e l'aceto balsamico e cuocere a fuoco lento per circa 5 minuti. Lavare e tagliare finemente la rucola e aggiungerla. Condire a piacere con sale e pepe. In questo primo tentativo non ho inserito la rucola, ma l'ho messa nei piatti e ho servito la padella di funghi sopra. Siccome c'erano abbastanza avanzi (solo 2 persone), il giorno dopo ho condito gli avanzi e li ho serviti freddi come insalata con piselli, filetto d'agnello e crema balsamica. Era molto buono. Una ricetta abbastanza versatile.

Jacket potatoes con formaggio cagliato piccante

Tempo totale circa: 10 minuti

Ingredienti

8 cucchiai|di squark, (20%)
2 cucchiai di maionese a basso contenuto calorico
2 spicchio/i d'aglio
6|filetti di acciughe
2 cucchiaini|di capperi
|limone/i
200 g di patate da rivestimento
|lattuga - foglie e aneto per guarnire
|sale e pepe, dal mulino

Preparazione

Mescolare la cagliata con la maionese e il succo di limone fino ad ottenere un composto omogeneo. Premere l'aglio sopra e mescolare di nuovo. Tagliare i filetti d'acciuga in piccoli pezzi e aggiungerli al quark insieme ai capperi. Solo ora condire con sale e pepe. Stendere un piatto piano con foglie di lattuga, mettere il quark sopra, aggiungere le patate in camicia e cospargere di aneto.

Ratatouille

Tempo totale circa: 15 minuti

Ingredienti

3|Spicchio(i) d'aglio
100 g di cipolla(e) dimezzata(e)
25 g di olio d'oliva
1|peperone/i, arancione o giallo, a strisce strette
200 g di zucchine, dimezzate, a fette

250 g di melanzane a cubetti
4 pomodori, sodi, tagliati in quarti
1 cucchiaio|di erbe di Provenza
1 cucchiaino|di sale
¼ di cucchiaino di pepe
1 pizzico(i) di zucchero

Preparazione

Per Thermomix TM31 o TM5. Aggiungere l'aglio e le cipolle nella ciotola di miscelazione e tritare per 3-4 secondi/fase 5. Aggiungere l'olio d'oliva e soffriggere per 3 min/sapore/fase 1. Aggiungere le verdure preparate, le erbe e le spezie e cuocere per 20 min./100°C/velocità sinistra/mescolare delicatamente. Nota: per 4 porzioni. Una porzione contiene circa 113 kcal, 7 g di grassi, 3 g di proteine e 9 g di carboidrati.

Stufato di pesce croato con polenta

Tempo totale circa: 30 minuti

Ingredienti

1 kg di pesce, vari pesci di mare, disossato, lavato, tagliato a pezzi
2 cipolle grandi, tagliate a fette
2 pomodori, tagliati a fette
2 spicchio/i d'aglio, tritato finemente
2 cucchiai di prezzemolo tritato
100 ml|di olio
200 ml|vino bianco
300 g|di semola di grano, per la polenta
1 litro e mezzo di acqua
10 g|sale

Preparazione

Arrostire la metà delle fette di cipolla in una grande pentola fino a quando sono dorate. Mettere sopra i pezzi di pesce, i pomodori, il resto delle cipolle, l'aglio, il prezzemolo, condire con sale e pepe, versare l'olio, il vino e un po' d'acqua e lasciare cuocere il tutto molto lentamente fino a quando il pesce è cotto. Nel frattempo, preparare la polenta. Quando l'acqua comincia a bollire, aggiungere il sale e mescolare lentamente la farina di mais, tempo di cottura circa 40 minuti. Disponete la polenta morbida in un piatto poco profondo, metteci sopra i pezzi di pesce e versateci sopra la salsa simile a una zuppa.

Zuppa di cipolle del Nord Italia

Tempo totale circa: 1 ora e 20 minuti

Ingredienti

700 g di cipolle tagliate a strisce sottili
115 g di pancetta, o pancetta a strisce, tagliata a dadini
25 g|di burro
2 cucchiai|di olio d'oliva
2 cucchiaini|di zucchero
|sale
|pepe, dal mulino
1,2 litri|di brodo di pollo
350 g|di pomodori (pomodori all'uovo),
spellati e tritati finemente
12 foglie|di basilico, fresco
|Parmigiano, grattugiato fresco

Preparazione

Sbucciare le cipolle e tagliarle a strisce sottili. Mettere la pancetta o il bacon in una casseruola e scaldare a fuoco basso per 5 minuti, mescolando finché il grasso non esce. Poi aggiungere il burro, l'olio d'oliva, le cipolle, lo zucchero e un pizzico di sale e mescolare bene. Coprire la pentola e soffriggere la cipolla fino a doratura, mescolando di tanto in tanto. Versare il brodo, mescolare i pomodori e condire il tutto con sale e pepe. Far sobbollire la zuppa, coperta, per circa 30 minuti, mescolando di tanto in tanto. Poi spuntare 8 foglie di basilico in piccoli pezzi e mescolare nella zuppa calda. Condire la zuppa a piacere e guarnire il piatto con le restanti foglie di basilico e qualche pezzo di parmigiano. Valori nutrizionali: E 7g KH 19g = 1,5 BE Zucchero 15g Grassi 23g, di cui saturi 9

Zuppa fredda di verdure estive

Tempo totale circa: 30 minuti

Ingredienti

1 cetriolo/i grande/i (più se necessario)
10 ravanelli
2|uovo/i, sodo/i
4|patate, sode e bollite
2 cucchiai di aneto (congelato)
2 tazze di kefir
1 pezzo(i) di salsiccia (salsiccia di tacchino) secondo necessità, a basso contenuto di grassi
|sale
|pepe
|succo di limone
|erba cipollina (congelata)

Preparazione

Bollire le uova e le patate, sbucciarle e lasciarle raffreddare completamente. Nel frattempo, grattugiare grossolanamente il cetriolo e mescolarlo con il succo nel kefir. Tagliare i ravanelli, le patate, le uova e la salsiccia a piccoli cubetti. Aggiungere al kefir e condire con aneto, succo di limone, pepe e sale. Lasciare in infusione in frigorifero per almeno 12 ore fino al momento di mangiare. Servire freddo cosparso di erba cipollina. Ha un sapore super fresco e deliziosamente leggero.

Petto di pollo al sesamo

Tempo totale circa: 25 minuti

Ingredienti

2|filetti di petto di pollo
1|uovo/i
3 cucchiai di farina
3 cucchiai|di sesamo
|Sale e pepe
|grasso di burro

Preparazione

Salare e pepare i petti di pollo, poi passarli nella farina. Mettere l'uovo sbattuto con una forchetta su un piatto. Girare il petto di pollo in esso e poi rotolarlo nei semi di sesamo. Mettere il tutto nella padella in cui è stato reso caldo il burro chiarificato e friggere fino a che sia bello dorato e poi toglierlo di nuovo. Servire con un'insalata e una baguette.

Insalata leggera

Tempo totale circa: 15 minuti

Ingredienti

½|cavolo bianco
½ pacchetto di uvetta
½ tazza di latte di burro
|succo di limone
|sale e pepe

Preparazione

Tagliare il cavolo bianco a strisce molto fini (più fini sono le strisce, meglio è), salare bene e pressare. Versarvi sopra 1/2 tazza di latticello, tritare finemente l'uvetta e aggiungerla. Spruzzare con un po' di succo di limone e mescolare bene. Lasciare riposare per circa 10-20 minuti e poi condire di nuovo con sale e pepe. Ideale con la carne alla griglia, ma anche con tutti gli altri piatti.

Polpette di patate dolci

Tempo totale circa: 20 minuti

Ingredienti

500 g di patate dolci
½ mazzo di cipolla primavera
1 uovo/i
½ cucchiaio|di zucchero di canna
1 cucchiaino|di sale
1 cucchiaio|di farina
1 cucchiaio|di coriandolo, tritato
|olio, per friggere
|salsa al peperoncino, per intingere

Preparazione

Lavare, sbucciare e tagliare finemente a dadini le patate dolci. Cuocere a vapore in una pentola a vapore fino a quando sono morbide o bollire in un po' d'acqua fino a quando sono pronte. Scolare e sgocciolare bene. Mettere i cubetti di patate in una ciotola e schiacciarli. Pulire, lavare e tritare finemente i cipollotti. Aggiungere alle patate dolci schiacciate con l'uovo, lo zucchero, il sale e la farina e mescolare bene. L'impasto deve essere molto asciutto, non deve attaccarsi alle dita. Aggiungere il coriandolo. Scaldare l'olio in una pentola alta. Modellare le patate schiacciate in palline delle dimensioni di una noce con le mani inumidite e friggere nell'olio caldo per circa 3-4 minuti fino a doratura. Scolare le palline di patate dolci su carta assorbente. Servire con salsa al peperoncino. Le palline possono essere mangiate calde o fredde.

Filetto di maiale mediterraneo su broccoli - gratin di patate

Tempo totale circa: 30 minuti

Ingredienti

4 medaglioni di maiale dalla lonza
20 patate piccole (possibilmente patate novelle)
1 broccolo
100 ml|latte
100 ml|di brodo vegetale
125 ml di vino (Prosecco)
1 uovo(i)
2 cucchiaini di farina d'amido
2 cucchiai di olio d'oliva
|Sale e pepe
|rosmarino
|macis
75 g|di formaggio, grattugiato

Preparazione

Salare e pepare le lombate di maiale e condirle con abbondante rosmarino. Massaggiare bene le spezie nella carne con le dita. Far bollire le patate fino a renderle morbide, dividere i broccoli in grosse cimette e farli bollire in acqua salata per 5 minuti, poi sciacquarli con acqua fredda. Disponete le patate non sbucciate (una questione di gusto, naturalmente) e le cimette di broccoli in una teglia. Sbattere il latte, il brodo vegetale, il prosecco, l'uovo e la maizena per fare una salsa e condire con sale, pepe e un pizzico di noce moscata. Versare la salsa nella pirofila, cospargere il tutto con il formaggio grattugiato e cuocere a 200°C nel forno preriscaldato sulla griglia inferiore per circa 30 minuti. Scaldare l'olio d'oliva in una padella e friggere il filetto di maiale.

Verdure leggere alla zucca

Tempo totale circa: 15 minuti

Ingredienti

1 piccola|zucca(se), (Hokkaido), 250-300 g

|Brodo vegetale, granulato

Preparazione

Sbucciare la zucca e tagliarla a metà. Raschiare l'interno con i semi e tagliare la polpa in piccoli cubetti. Mettere in una pentola con 250 ml d'acqua o un po' di più se si vuole e cuocere fino a quando la zucca è morbida. Condire a piacere con brodo di cereali.

Zuppa di noodle ai funghi cinesi

Tempo totale circa: 30 minuti

Ingredienti

120 g|funghi
½|cetriolo/i
2|cipolla(e) primaverile(i)
1 spicchio/i d'aglio
2 cucchiai di olio
600 ml|acqua
50 g di spaghetti, spaghetti di riso cinesi
un po' di|sale
1 cucchiaio|di salsa di soia

Preparazione

Lavare i funghi, asciugarli con carta da cucina e tagliarli a fette sottili. Tagliare il cetriolo a metà nel senso della lunghezza e raschiare i semi con un cucchiaio. Tagliare il cetriolo a fette sottili. Tritare finemente i cipollotti e affettare finemente l'aglio. Scaldare lentamente l'olio in un wok o in una grande padella. Aggiungere gli scalogni e l'aglio e soffriggere brevemente senza farli scurire. Aggiungere i funghi e soffriggere per 2-3 minuti. Deglassare con l'acqua. Rompere i noodles in pezzi corti e aggiungerli alla zuppa. Portare la zuppa a ebollizione, mescolando di tanto in tanto. Aggiungere le fette di cetriolo, il sale e la salsa di soia. Far sobbollire il tutto per 2-3 minuti. Dividere la zuppa in ciotole riscaldate e servire immediatamente.

Mozzarella su scaloppine di tacchino

Tempo totale circa: 35 minuti

Ingredienti

1 scaloppina di tacchino
2 fette di mozzarella a basso contenuto di grassi
3 cucchiaini di formaggio fresco
|Sale e pepe
|timo
1 cucchiaio|di olio d'oliva

Preparazione

Preriscaldare il forno a 150°C. Mettere max. 1 cucchiaio di olio d'oliva in una piccola padella. Condire la ricotta e le fette di mozzarella a piacere o lasciare così com'è. Fate rosolare la cotoletta di tacchino, ma non lasciatela cuocere fino in fondo (altrimenti risulterà secca). Condire rapidamente con sale, pepe e timo su ogni lato e togliere la padella dal fuoco. Distribuire la ricotta sulla cotoletta di tacchino al centro e coprire la cotoletta di tacchino con le fette di mozzarella a basso contenuto di grassi. Poi mettete la padella nel forno preriscaldato e tiratela fuori dopo circa 10 - 15 minuti, dopo che la mozzarella è andata via. Si può mangiare con un'insalata a foglia di vostra scelta. Valori nutrizionali: Proteine: 52,1 g, Grassi: 14,8 g, Carboidrati: 7,15 g

Crema italiana di peperoni

Tempo totale circa: 30 minuti

Ingredienti

600 g|Pepe/i rosso/i
50 g di cipolla/e
10 g|margarina
2 cucchiai|di pepe in polvere, dolce

1 cucchiaio di pasta di pomodoro
800 ml|di brodo vegetale
15 g di amido
100 g di panna acida
1|spicchio(i) d'aglio
|pepe
|basilico

Preparazione

Lavare i peperoni, togliere i semi e tagliarli a cubetti. Tritare le cipolle e soffriggerle nella margarina. Mettere da parte una parte dei peperoni tagliati a dadini, aggiungere il resto alle cipolle e soffriggere brevemente. Aggiungere la paprika in polvere, il basilico, lo spicchio d'aglio schiacciato e il concentrato di pomodoro e soffriggere. Deglassare con il brodo vegetale, cuocere a fuoco lento per circa 10 minuti e poi frullare. Mescolare l'amido di mais con dell'acqua fredda e addensare la zuppa se necessario. Mescolare la panna acida con 5 cucchiai (regolare la temperatura) e mescolare. Condire a piacere con del pepe. Servire la zuppa su piatti da minestra e guarnire con peperoni tagliati a dadini e basilico fresco!

Lasagna di verdure

Tempo totale circa: 40 minuti

Ingredienti

250 g di tagliatelle o fogli di lasagna
200 g di carote (in alternativa 1 mazzo di broccoli)
200 g di porro
2 peperoni rossi
1|peperone(i) giallo(i)
400 ml|pomodoro(i), filtrato(i)
400 ml|di brodo vegetale
160 g|di formaggio (Edam o Emmental), grattugiato
|Sale e pepe

|polvere di zolfo
|timo
|origano
|basilico
|grasso per lo stampo

Preparazione

Cuocere la pasta in abbondante acqua salata secondo le istruzioni della confezione fino al dente. Lavate e pulite le carote, i porri e i peperoni e tagliateli a strisce. Scaldare un po' d'olio in una padella e soffriggervi le verdure, deglassare con il brodo vegetale e cuocere fino al dente. Poi aggiungere i pomodori scolati. Condire il composto di verdure a piacere e fare uno strato alternato con la pasta in una pirofila unta. L'ultimo strato dovrebbe essere di pasta. Cospargere il formaggio sopra. Cuocere in forno preriscaldato a 200°C per circa 20 minuti. Nota: Per la versione con i broccoli, non saltateli in padella, ma fateli bollire in un po' d'acqua salata finché sono morbidi e aggiungeteli in padella quando aggiungete i pomodori - altrimenti i broccoli saranno troppo mollicci.

Pomodoro - Riso - Zuppa

Tempo totale circa: 15 minuti

Ingredienti

1 cucchiaio|di olio, vegetale
2 cucchiai di farina
500 ml|salsa (salsa di pomodoro)
1|cipolla(e)
300 g di riso cotto
|erba cipollina

Preparazione

Scaldare l'olio in una grande casseruola e rosolarvi la farina. Poi aggiungere la salsa di pomodoro e la cipolla. Cuocere a fuoco basso per circa 15 minuti. Aggiungere il riso nella pentola e continuare la cottura fino a quando la zuppa è calda. Togliere la cipolla e servire la zuppa cosparsa di erba cipollina.

Verdure - Funghi - Gratin

Tempo totale circa: 15 minuti

Ingredienti

1 kg di patate, cotte a cubetti,
6 gambi, sottili, in anelli sottili
200 g di funghi champignon, tagliati a fette
100 g di prosciutto cotto, magro, a strisce
100 ml|di brodo vegetale, caldo
50 ml|crema di caffè (10% di grassi)
4 cucchiai di panna acida
10 cucchiai|di formaggio (Emmental), grattugiato
(45% di grasso sulla sostanza secca)
|Sale e pepe
2 cucchiai|di olio, per friggere
|noce moscata

Preparazione

Scaldare l'olio in una padella. Soffriggere porro, funghi e prosciutto per 5 minuti. Condire, versare il brodo e far sobbollire brevemente. Stratificare con le patate in un piatto gratinato unto. Mescolare la panna e la crema, spalmare con il formaggio sopra. Cuocere a 200°C per circa 10 minuti. circa 37 g KH, 380 kcal per porzione caffè panna, funghi, panna acida non zucchero nel sangue efficace KH

ravanello - mais - insalata

Tempo totale circa: 1 ora e 15 minuti

Ingredienti

1 mazzo|ravanelli

1 barattolo piccolo|di mais
1 cucchiaio|erbe per insalata, (secche)
2 cucchiai|diremoulade
un po' di|sale e pepe

Preparazione

Lavare e tagliare a dadini i ravanelli e mescolarli bene in una ciotola con gli altri ingredienti. Lasciare riposare l'insalata per circa 1 ora.

Cavolo rapa - prosciutto - casseruola

Tempo totale circa: 50 minuti

Ingredienti

1 kg|di cavolo rapa, pesato senza le verdure
250 ml|acqua salata
1 cucchiaio|di farina di frumento
1 cucchiaio di burro morbido
1 cucchiaio|crema fraîche (crème legere)
|Sale e pepe del mulino
200 g|Kochschinken o Katenspeck (pancetta)
|burro per lo stampo
3 uova (preferibilmente ruspanti)
un po' di moscato

Preparazione

Lavare e sbucciare il cavolo rapa, tagliarlo a bastoncini di circa 1/2 cm di larghezza, metterlo in acqua bollente salata, farlo bollire per 10 - 15 minuti (i bastoncini non devono essere cotti morbidi). Conservare le foglie del cuore del cavolo rapa. Scolare i bastoncini di cavolo rapa su un setaccio, raccogliere il liquido. Impastare la farina di grano e il burro con una forchetta, portare l'acqua del cavolo rapa a ebollizione. Aggiungere la miscela di farina e burro, mescolando costantemente. Frullare per combinare, assicurandosi che non ci siano grumi, portare a ebollizione e cuocere a fuoco lento per circa 5 minuti. Mescolare la creme fraiche. Aggiungere le foglie di cavolo rapa e i bastoncini alla salsa, condire con sale e pepe. Tagliare il prosciutto a cubetti e fare uno strato alternato con il cavolo rapa in una pirofila preparata. I vegetariani omettono il prosciutto o la pancetta di pesce gatto. Sbattere le uova con la noce moscata, condire con sale e pepe. Versare sul cavolo rapa e sul composto di prosciutto. Coprire la teglia con un coperchio o un foglio di alluminio e cuocere per circa 30 minuti. Consiglio: si accompagna meglio con pane casereccio fatto in casa e un bel bicchiere di rosé.

Zuppa di zucca

Tempo totale circa: 30 minuti

Ingredienti

1 kg di zucca
1 carota/e
1 bastoncino/i di porro
½ litro|di acqua
4 cucchiaini|di brodo, chiaro
½ tazza|di creme fraîche alle erbe
|Sale e pepe
|succo di limone
|zucchero
eventualmente|zenzero, fresco

Preparazione

Tagliare la zucca, la carota e il porro in piccoli pezzi e farli bollire in una pentola con l'acqua (aggiungere il brodo istantaneo) per circa 20 minuti. Ridurre tutto in purea. Aggiungere la creme fraiche e condire con pepe, sale, succo di limone e zucchero. Se vi piace, potete aggiungere dello zenzero fresco grattugiato. Servita con cubetti di pane tostato, la zuppa è una delizia.

Merluzzo con verdure balcaniche

Tempo totale circa: 35 minuti

Ingredienti

2 sacchetti|di riso
750 g di merluzzo carbonaro
1 cipolla(e) grande(i), tagliata(e) finemente a dadini
250 g di melanzane, tagliate a dadini
250 g di zucchine, tagliate a dadini
1|peperone/i rosso/i, tagliato/i a dadini
1 barattolo/i piccolo/i di mais
1 lattina|pomodori, a pezzi
1 tazza di panna acida
400 ml|di brodo vegetale
|succo di limone
|dolcificante
1 cucchiaino|di origano, tritato
1 cucchiaino|di cerfoglio, tritato
1 cucchiaino|di rosmarino, tritato
1 cucchiaino|di timo, tritato
1 cucchiaio|di prezzemolo, tritato
1 cucchiaino|di erba cipollina, tritata
|sale e pepe
un po'|di olio

Preparazione

Cuocere il riso secondo le istruzioni della confezione. Immergere il filetto di merluzzo giallo in acqua salata. Poi tirarlo fuori, aggiungere sale e pepe e cospargere di succo di limone. Tenere in caldo. Nel frattempo, soffriggere melanzane, zucchine, cipolle e peperoni nell'olio e aggiungere il brodo. Alla fine, aggiungere il mais. Legare con mezza tazza di panna. Nel frattempo, scaldare i pomodori, condire con sale, pepe, dolcificante e le erbe, mescolare con il resto della panna acida. Servire il riso con la crema di pomodoro, il pollack e le verdure balcaniche. Molto povero di grassi, sano, ricco di acidi grassi essenziali. Molto riempitivo e ricco nel piatto.

Soia Nicoise

Tempo totale circa: 45 minuti

Ingredienti

300 g di carne di soia tagliata, immersa nel brodo
500 g di fagioli verdi
500 g di patate
2 cipolle medie
2 spicchio/i d'aglio
1 scatola di pomodori (pomodori da pizza)
400 ml|di brodo vegetale
2 cucchiaini|di pepe in polvere
2 cucchiaini|di pasta di pomodoro
|olio d'oliva
|Sale e pepe
|peperoncino in polvere
|prezzemolo
eventualmente |formaggio

Preparazione

Lavare i fagioli e togliere le estremità. Sbucciare e affettare le patate. Poi, in una grande pentola d'acqua salata, fate bollire prima i fagioli e dopo qualche tempo aggiungete le patate crude. Quando entrambi sono ancora un po' sodi al morso, scolare e mettere da parte. Poi mettere dell'olio in un'altra pentola e soffriggervi le cipolle affettate, aggiungere l'aglio e arrostire un po' il concentrato di pomodoro. Ora aggiungete la carne di soia e la scatola di pomodori da pizza. Versare il brodo e condire con sale, peperone, paprika e peperoncino. Ora aggiungere i fagioli ben scolati e le patate. Portare a ebollizione brevemente e continuare a cuocere a fuoco basso per altri 5 minuti. Alla fine cospargere un po' di prezzemolo e servire. Servire con una fetta di pane casereccio sostanzioso. Se volete, potete mettere il tutto in una casseruola poco profonda e coprire con del formaggio.

Kim Chi

Tempo totale circa: 30 minuti

Ingredienti

1 cavolo cinese grande
160 g|sale (sale grosso)
½ cucchiaino di pepe di Caienna
5|cipolle novelle, tagliate finemente
2 spicchio/i d'aglio, tritato finemente
5 cm|di zenzero, grattugiato
3 cucchiai|di peperoncino rosso, tritato finemente
1 cucchiaio|di zucchero, finemente
600 ml|acqua fredda

Preparazione

Dimezzare il cavolo e tagliarlo in grossi pezzi da mordere. Mettete uno strato di cavolo in una ciotola, poi salate sopra, ancora cavolo, ancora sale e così via, finendo con il sale. Coprire con un piatto rovesciato e poi pesare. Lasciare la ciotola in un luogo fresco per 5 giorni. Scolare il liquido e lavare bene il cavolo sotto acqua corrente fredda. Strizzare bene e poi mescolare il cavolo con pepe di cayenna, cipolle verdi, aglio, zenzero, peperoncino e zucchero. Poi mettere il cavolo in un barattolo per conserve, versarvi sopra l'acqua e chiudere bene. Mettere in frigo per 3 - 4 giorni prima di mangiare.

Petto di pollo con chutney di rabarbaro e riso alle mandorle

Tempo totale circa: 30 minuti

Ingredienti

1 kg di rabarbaro
2 mele

1 lattina di mango (peso sgocciolato 250 g)
2 cipolle, tagliate a dadini
1 cucchiaio|di succo di limone
100 ml|di aceto
1 cucchiaino|di amido
1 cucchiaino|di polvere di riso
|sale e pepe, dolcificante
4 porzioni|filetto/i di petto di pollo senza pelle
250 g di riso
50 g|mandorle tritate
|olio

Preparazione

Pulire il rabarbaro, sbucciare, dividere in quarti le mele, sgocciolare il mango. Tagliare tutto a piccoli cubetti, cospargere le mele con il succo di limone. Portare a ebollizione l'aceto con la frutta e le cipolle, far sobbollire per circa 20 minuti. Mescolare l'amido con un po' d'acqua, mescolare al chutney e portare di nuovo a ebollizione. Condire a piacere con curry, sale e dolcificante. Cuocere il riso come al solito. Salare e pepare la carne e friggerla nell'olio fino a farla dorare. Arrostire le mandorle in una padella senza olio fino a farle dorare. Affettare la carne e servire con il chutney. Mescolare il riso finito con le mandorle e servire con esso.

Tilapia in pastella di birra con salsa di mango

Tempo totale circa: 25 minuti

Ingredienti

1|mango(i) maturo(i), tagliato(i) finemente a dadini
½ cipolla(e) piccola(e), (rossa), tagliata finemente
2 cucchiai di succo di lime
2 cucchiai di aceto (aceto di vino di riso)
1 cucchiaio|di coriandolo, fresco, tritato
3 cucchiai|di farina, (farina integrale)

2 cucchiai di farina (per tutti gli usi)
1 pizzico(i) di cumino
|Sale, pepe di Caienna
120 ml|di birra chiara
500 g di filetti di pesce (filetti di tilapia) tagliati a metà nel senso della lunghezza
4 cucchiaini|di olio, insapore

Preparazione

Preparare la salsa (deve essere in infusione: circa 15 minuti): Mescolare tutti gli ingredienti fino al cilantro e mettere in infusione per 15 minuti. Nel frattempo, preparare la pasta: Unire la farina VK, la farina universale, il cumino, il sale e la cayenna in una ciotola media. Sbattere con la birra per ottenere una pastella liscia. Immergere metà dei filetti, tagliati a metà nel senso della lunghezza, nella pastella alla birra; scaldare 2 cucchiaini di olio in una grande padella rivestita a fuoco medio. Arrostire il pesce su entrambi i lati fino a doratura, da 2 a 4 minuti per lato. Mettere da parte su un piatto, vagamente coperto con un foglio di alluminio. Pulire la padella, riscaldare l'olio rimanente e scottare i filetti rimanenti dopo averli immersi nella pastella come descritto sopra. Servire immediatamente con la salsa. Servire con insalata verde mista. Per porzione: 242 Kcal 7 g di grassi 21 g di carboidrati 23 g di proteine 2 g di fibre

Frittata del contadino

Tempo totale circa: 30 minuti

Ingredienti

500 g di patate
½|Paprika(e) rossa(e)
½|Paprika(e), gialla
2|pomodori
1 vaso|funghi (in alternativa 200 - 300 g di funghi freschi)
½|cetriolo/i

1 cipolla/e
2|uova(e)
|sale e pepe
1 cucchiaio di prezzemolo tritato
|Pepe in polvere
|brodo vegetale, granulato
|olio

Preparazione

Sbucciare, lavare e grattugiare grossolanamente le patate. Tagliare a dadini grossolani i peperoni e i pomodori e a dadini fini le cipolle. Sbucciare il cetriolo (se non è biologico), poi anch'esso a dadini grossolani. Soffriggere la cipolla in 1 cucchiaio d'olio, aggiungere le patate e soffriggere vigorosamente a fuoco abbastanza alto per circa 10 minuti. Devono essere ben cotte. Ora aggiungere il sale e il pepe. Poi aggiungere tutte le verdure con i funghi scolati e friggere tutto di nuovo a fuoco medio per 5 - 10 minuti. Condire a piacere con le spezie rimanenti. Sbattere le uova insieme, ridurre il fuoco e versare le uova sulle verdure. Lasciare friggere per circa 5 minuti e servire immediatamente cosparso di prezzemolo.

Ragù di tofu e funghi con curry e bordo di riso

Tempo totale circa: 30 minuti

Ingredienti

160 g|Basmati (o grano intero - Basmati, quindi tempo di cottura più lungo)
¼ di cucchiaino di curcuma
½ cucchiaino di curry
1 piccola|cipolla(e)
1 cucchiaino|margarina
400 ml|di brodo vegetale
150 g di tofu affumicato
500 g di funghi champignon

1 manciata di funghi secchi misti
1 cipolla(e) grande(i)
1 cucchiaio|di olio
1 cucchiaio di yogurt
1 cucchiaino|di timo, secco, colmo
1 cucchiaio di prezzemolo secco
1 cucchiaino|di salsa di soia
1 cucchiaio|succo di limone
|Sale alle erbe
|pepe

Preparazione

Avete bisogno di una forma a corona per il bordo di riso. Mettere a bagno i funghi misti secchi con circa 200 ml di acqua per almeno un'ora. Tagliare finemente la cipolla piccola per il riso. Sciogliere la margarina in una pentola e soffriggervi la cipolla. Aggiungere il riso con la curcuma e il curry e versare il brodo vegetale. Portare a ebollizione e lasciare cuocere a fuoco lento per circa 15-20 minuti. Mescolare di tanto in tanto. Preriscaldare il forno a 140° gradi. Ungere la forma a corona con un po' di margarina e versare il riso caldo. Premere bene con un cucchiaio e spianare. Prendere un piatto grande e rovesciarvi il riso. Mettetelo nel forno per mantenerlo caldo. Scolare bene i funghi misti ammollati e conservare l'acqua di ammollo. Tagliare i funghi in piccoli pezzi e la cipolla grande a dadini. Tagliare il tofu a cubetti. Scaldare l'olio in una padella, soffriggere la cipolla fino a renderla traslucida e friggere il tofu, i funghi misti e i funghi vigorosamente per 8-10 minuti buoni. Poi aggiungere un po' di sale e pepe e versare l'acqua di ammollo dei funghi. Ridurre il fuoco e lasciar sobbollire dolcemente il tutto. Condire a piacere con timo, prezzemolo, sale alle erbe, pepe, salsa di soia e succo di limone. Mescolare alla fine con lo yogurt. Versare una parte del ragù di funghi al centro del bordo di riso, mettere il resto in una ciotola separata e servire con esso.

Ceci asiatici dal wok

Tempo totale circa: 12 ore 40 minuti

Ingredienti

300 g di ceci secchi
|Sale marino
2 dadi di brodo vegetale
4|cipolla(e) di porro
1 broccolo
1|spicchio(i) d'aglio
2 steli|di erba limone, freschi (in alternativa essiccati)
150 g di albicocche secche
1|lime(i), il suo succo
2 cucchiai|di olio
1 cucchiaio|di pasta di riso, rosso
a piacere|verdure di coriandolo, tritate

Preparazione

Mettere a bagno i ceci in abbondante acqua per una notte. Aggiungere acqua fresca e cuocere per circa 30 minuti (fino a quando sono morbidi). Aggiungere il sale e il dado vegetale alla fine del tempo di cottura. Scolare i ceci, riservando l'acqua di cottura. Pulire i cipollotti e i broccoli. Tagliare i cipollotti in anelli e i broccoli in cimette molto piccole. Sbucciare l'aglio e tritarlo finemente. Lavare e pulire la citronella e tagliarla a metà in senso trasversale. Tagliare finemente le albicocche a dadini e spruzzare con il succo di lime. Scaldare l'olio in un grande wok (o padella) e soffriggere l'aglio e la pasta di curry. Versare un po' dell'acqua di cottura dei ceci. Aggiungere i cipollotti, i broccoli, i ceci, le albicocche e la citronella. Far sobbollire il tutto per 10 minuti a fuoco basso, poi togliere la citronella. Condire le verdure di ceci con il sale. Si accompagna molto bene con il riso basmati.

Buongiorno dalla Grecia!

Tempo totale circa: 15 minuti

Ingredienti

2 cucchiaini di olio extravergine d'oliva
1 tazza di patate, cotte il giorno prima, tagliate a dadini (1 tazza = 240 ml)
40 g di cipolla(e) primaverile(i) tritata(e)
4 uova
1 pizzico(i) di sale
|pepe, nero appena macinato
60 g di formaggio Feta, sbriciolato

Preparazione

A fuoco medio-alto, scaldare 1 cucchiaino di olio in una padella antiaderente. Aggiungere le patate e friggere per 4 o 5 minuti fino a doratura, scuotendo spesso la padella. Aggiungere lo scalogno tritato e friggere per un altro minuto. Trasferire in un piatto e asciugare la padella con carta assorbente. Sbattere le uova, il sale e il pepe in una ciotola; aggiungere il formaggio feta e le patate fritte. Accendere il forno a calore forte (broil). Avvolgere il manico della padella con un doppio strato di foglio di alluminio per proteggerlo dai danni causati dal calore della griglia e spennellare con l'olio rimanente. Scaldare la padella sul fornello a fuoco medio e versare il composto di uova, spargendolo uniformemente. Abbassate il fuoco e friggete dolcemente per 3 o 4 minuti, finché il fondo diventa leggermente dorato. Poi mettete la padella preparata sotto la griglia preriscaldata per 1½ - 2½ minuti fino a quando la parte superiore della frittata non fa le bolle. Si prega di non servire bollente! Per porzione: 298 Kcal 17 g di grassi 18 g di carboidrati 16 g di proteine

Pasta Primavera

Tempo totale circa: 25 minuti

Ingredienti

400 g di pasta (spirelli)

400 g di carne di tacchino tagliata molto finemente o tritata
2 mazzi|di cipolla(e) primaverile(i), tagliata(e) ad anelli sottili
400 g di funghi freschi a cubetti
1 spicchio d'aglio tritato
1 barattolo/i di pomodoro/i piccolo/i, filtrato/i
2 cucchiai di pasta di pomodoro
|Sale e pepe
|basilico
|origano
|pepe in polvere
|polvere di zenzero
|sale di erbe
1 cucchiaio di olio

Preparazione

Cuocere le tagliatelle. Nel frattempo, friggere la carne di tacchino nell'olio, condire bene con sale e pepe. Quando è leggermente rosolata, mettetela da parte e nel grasso soffriggete i funghi, anch'essi caldi, sale e pepe. Dopo circa 7 minuti, aggiungere gli scalogni e saltare il tutto per cinque minuti buoni a fuoco medio. Condire a piacere con le spezie. Soprattutto non siate avari con il basilico e l'origano, anche il sale alle erbe dà un ottimo sapore. Versare i pomodori scolati, mescolare il concentrato di pomodoro e aggiungere la carne. Mescolate bene il tutto. Se si desidera che sia un po' più "saporito", aggiungere un po' più di acqua. Condire di nuovo e servire con la pasta.

Verdure piccanti

Tempo totale circa: 25 minuti

Ingredienti

1 g di cipolla/e
1 peperone/i giallo/i
1|pepe rosso
4 cucchiai|di olio (olio d'oliva)

1 cucchiaio|di pasta di pomodoro
1 pizzico(i) di pepe di Caienna
250 g di pomodori, tagliati a dadini (in scatola)
2 spicchio/i d'aglio
|Sale
|Paprika in polvere, piccante
|tabasco

Preparazione

Tagliare la cipolla a cubetti grandi. Tagliare a dadini il peperone, scaldare l'olio in una padella profonda. Soffriggere le cipolle fino a quando sono traslucide. Aggiungere il peperone, soffriggere per circa 5 minuti, aggiungere il concentrato di pomodoro e il pepe. Deglassare con i pomodori, spremere l'aglio e ripiegare il tutto. Lasciare sobbollire in una pentola aperta per circa 20 minuti. Condire a piacere con le spezie. Servire con riso selvatico o riso integrale, a seconda dei gusti, ma far pagare un extra per il riso.

Filetto di merluzzo con riso verde alla zucca

Tempo totale circa: 35 minuti

Ingredienti

750 g|di filetto/i di pesce, congelato/i (merluzzo dell'Alaska)
1 mazzo|di aneto, fresco
3 uova
100 g di parmigiano
230 g|di riso Basmati o fragrante, 1 1/2 tazze
3 tazze di brodo vegetale
1 cucchiaio|di olio di semi di zucca
1 foglia|di lattuga, verde o qualsiasi altra
|Sale e pepe
|limone/i, secondo necessità
|prezzemolo, per la decorazione
|farina

|olio, (olio di canola)
1 tazza di panna acida, (200 g)
4 cucchiaini|di salmone - sostituto, cotolette di colore rosso
1 cucchiaio|di senape
1 cucchiaino|di zucchero

Preparazione

Scongelate il pollock congelato dell'Alaska e asciugatelo con carta da cucina, salatelo, pepatelo e infarinatelo, se volete potete ancora spruzzarlo con il limone. Io l'ho lasciato fuori.
In un piatto, sbattere le uova fino a renderle spumose e aggiungere l'aneto lavato e tritato finemente e il parmigiano grattugiato. Versare il pesce infarinato. Poi friggere in una padella, con olio caldo su tutti i lati fino a doratura, togliere e tenere in caldo. Io uso sempre tazze per il mio riso e quindi ho bisogno di 1 1/2 tazze di riso per quattro persone. Può essere anche un normale riso a chicco lungo. Ho usato riso fragrante per questo e ho aggiunto fino a tre volte la quantità di acqua. Ho aggiunto un po' di sale e la pasta di brodo vegetale e ho cotto fino a quando è morbido, circa 15 minuti. Solo allora ho mescolato l'aneto tritato e l'olio di semi di zucca nel riso, in modo che non diventi troppo secco e prenda il suo colore verdastro. Ho messo il riso finito in tazze appropriate e l'ho messo su una foglia di lattuga iceberg. Sopra viene poi il prezzemolo per la decorazione. Il pesce viene poi distribuito in modo decorativo. Dal brodo di frittura del pesce ho riempito con la panna acida e le cotolette di pollock (sostituto) e ho dato al tutto la senape e qualche spruzzo di limone e ho fatto bollire. La salsa è stata drappeggiata intorno al riso e sopra il pesce. Ora il tutto viene impiattato e si può accompagnare un'insalata verde iceberg e/o un'insalata di cetrioli. Raccomando un vino bianco secco appropriato per accompagnare il tutto.

Dieta - Gelatina di fiori di sambuco

Tempo totale circa: 2 giorni 30 minuti

Ingredienti

2.700 ml|succo di mela, succo diretto naturalmente torbido (senza concentrato)
20 ombrelli di fiori di sambuco
3 sacchetti|Gelfix Super
1 kg di fruttosio
|Ombrelli di sambuco per i vasi

Preparazione

Immergere i fiori di sambuco nel succo di mela per circa 2 giorni, poi filtrare attraverso un panno. Mescolare il fruttosio con il Gelfix e aggiungere al succo, ora far bollire per almeno 3 minuti. Nei vasetti preparati spennare alcuni fiori di sambuco, poi versare la gelatina calda e capovolgerli per 5 minuti. Ora girate i barattoli più volte in modo che i fiori si diffondano in tutto il barattolo mentre si raffredda. Ho tirato fuori 13 vasetti da 230 ml ciascuno.

1-2-3 - Insalata

Tempo totale circa: 20 minuti

Ingredienti

1|cetriolo/i da insalata
1 cavolo rapa
1 cucchiaio di erbe, erbe secche del giardino
|Sale e pepe
|aceto

Preparazione

Sbucciare il cetriolo e il cavolo rapa e tagliarli a strisce sottili. Cospargere con le erbe del giardino e condire con sale, pepe e aceto.

Lombo di maiale arrosto servito

su un letto di prugne

Tempo totale circa: 30 minuti

Ingredienti

450 g|prugne o prugne, snocciolate e tagliate in ottavi
2 rametti di rosmarino e alcuni per guarnire
120 ml|acqua
120 ml di aceto balsamico
6 cucchiai|di zucchero
10 grani di pepe nero schiacciato
1 baccello(i) di vaniglia aperto(i)
2 cucchiaini|di olio extravergine d'oliva
500 g di lombo(i) di maiale, nel pezzo
|sale e pepe

Preparazione

Preparare le prugne: Preriscaldare il forno (200°C.). Mettere la frutta e i rametti di rosmarino in una teglia quadrata (20 cm); mettere l'acqua, l'aceto, 4 cucchiai di zucchero e i grani di pepe schiacciati in una piccola ciotola e mescolare fino a quando lo zucchero è sciolto. Raschiare il midollo del baccello di vaniglia e aggiungerlo alla soluzione di zucchero, mescolando il baccello alla frutta. Versare la soluzione sulle prugne e cospargere con lo zucchero rimanente. Dopo 20-25 minuti di cottura, togliete e rimuovete il baccello di vaniglia e i rametti di rosmarino. Trasferire le prugne su un piatto da portata e coprire con un foglio di alluminio per tenerle al caldo. Versare il liquido rimasto nella padella attraverso un setaccio in una piccola casseruola e portare a ebollizione. Portare la fiamma a medio-alto e cuocere per 6-8 minuti, fino a quando la salsa si è ridotta a 120 ml. Versare sulla frutta e coprire di nuovo con un foglio di alluminio per tenere in caldo. Nel frattempo, preparare la carne: Aggiungere l'olio in una grande padella da forno (anche avvolgere strettamente il manico con doppi strati di foglio di alluminio, se necessario) e riscaldare a fuoco medio-alto.

Condire la carne dappertutto con sale e pepe. Rosolare su tutti i lati (tempo totale circa 5-8 minuti). Ora mettete la padella con la carne nel forno preriscaldato e arrostite per circa 10-15 minuti (fino a quando il termometro della carne segna 67°C). Lasciate riposare l'arrosto sul tagliere per 10 minuti buoni, leggermente coperto con un foglio di alluminio. Affettare la carne in modo sottile e servire con le prugne. A noi piace accompagnarla con tagliatelle a nastro o purè di patate. Per porzione: 298 Kcal 7 g di grassi 37 g di carboidrati 24 g di proteine 2 g di fibre

Casseruola di patate e merluzzo giallo

Tempo totale circa: 1 ora e 20 minuti

Ingredienti

250 g di patate sbucciate e tagliate a fette
150 g|Ucchini, affettati
150 g di melanzane a fette
1 cipolla(i) grande(i), tagliata finemente a dadini
2 cucchiai di panna acida
400 ml|di brodo vegetale
un po' di succo di limone
250 g|di filetto/i di pesce (pollock)
2 fette di formaggio (formaggio per tramezzini)
1 cucchiaio di prezzemolo tritato
1 cucchiaino|di erba cipollina, tritata
1 cucchiaino|di cerfoglio, tritato
|Sale e pepe
|pepe in polvere

Preparazione

Stratificare le patate, le zucchine e le melanzane in una pirofila. Mescolare 300 ml di 400 ml di brodo vegetale con le cipolle, condire bene con le spezie e versare sopra. Cuocere in forno a 180° per circa 40 minuti. Nel frattempo, far bollire il pesce in acqua salata, condire con sale, pepe e succo di limone e mettere da parte con cura. Quando le patate sono cotte, fare uno strato di pesce sopra. Cospargere con le erbe e coprire con il formaggio. Grigliate brevemente. Mescolare i restanti 100 ml di brodo vegetale con la panna acida e servire. Molto gustoso e sano, ideale per la perdita di peso, specialmente LF 30, WW, ecc.

Cotolette di tacchino con mele

Tempo totale circa: 20 minuti

Ingredienti

500 g di petto di tacchino
2 mele
1 mazzo|di cipollotti
½ tazza di panna montata
125 ml|di brodo vegetale
2 cucchiai di senape
|sale
|pepe

Preparazione

Tagliare il petto di tacchino a strisce. Sbucciare le mele e tagliarle a spicchi. Tagliare i cipollotti ad anelli. Condire il petto di tacchino con sale e pepe e friggere brevemente in olio caldo. Aggiungere le fette di mela e gli anelli di cipolla e friggere brevemente. Deglassare con la panna e il brodo e cuocere ancora brevemente al vapore. Condire il tutto con sale, pepe e senape. Se necessario, addensare la salsa con un addensante.

Lamponi con latte inacidito

Tempo totale circa: 10 minuti

Ingredienti

200 g di latte inacidito
2 cucchiaini|di succo di limone
½ cucchiaino di cannella

300 g di lamponi, scongelati
1 pizzico di dolcificante

Preparazione

Mettere 150 g di lamponi alla volta in una ciotola da dessert o in un piccolo piatto da dessert poco profondo. Mescolare il latte inacidito con il succo di limone, la cannella e il dolcificante e versare sui lamponi. Questo dessert è ottimo anche con le fragole tagliate a metà!!!!

Insalata estiva

Tempo totale circa: 1 ora e 30 minuti

Ingredienti

¼|Ananas
½|melone/i al miele
1|Banana(e)
1|Kiwi
1 mela con buccia
1 arancia(e)
200 g di yogurt naturale
1 pizzico(i) di zenzero
1 cucchiaino|di miele

Preparazione

Tagliare la frutta a cubetti e aggiungere i restanti ingredienti. Mettete in frigo, ma non durante la notte, perché il kiwi e l'ananas freschi faranno cagliare lo yogurt.

Chorizo Shirataki

Tempo totale circa: 20 minuti

Ingredienti

2|uovo/i
25 g di burro (burro di pascolo)

60 g|Chorizo
45 g|cipolla(e) primaverile(i) o cipolla(e)
200 g di tagliolini di konjac (tagliolini shirataki)
20 g|Ketchup, senza zucchero
|Sale e pepe

Preparazione

Tagliare le cipolle a cubetti e il chorizo a fettine. Friggerli insieme al burro in una padella. Togliere gli spaghetti shirataki dalla confezione, metterli in un setaccio e sciacquarli con abbondante acqua fredda. Poi aggiungere alla padella e friggere. Rompere le uova sul composto di noodle e salsiccia e mescolare bene. Continuare a friggere per circa 3 minuti fino a quando l'uovo è leggermente rappreso. Condire con sale e pepe, servire con ketchup senza zucchero.

Casseruola di cavolfiore e broccoli a basso contenuto calorico

Tempo totale circa: 20 minuti

Ingredienti

1 testa di cavolfiore
1 testa di broccoli
1 cipolla/e grande/i
2 spicchio/i d'aglio
½ tazza di latte di burro
|Sale e pepe
|formaggio (Emmental o formaggio grattugiato), grattugiato

Preparazione

Tagliare i broccoli e il cavolfiore in piccole cimette a destra e precuocere in acqua salata fino al dente. Nel frattempo, tagliare la cipolla ad anelli e friggere fino a doratura. Versare il latticello in una ciotola. Aggiungere gli spicchi d'aglio fresco, il sale, il pepe e il formaggio e mescolare bene. Mettere le cimette bollite in un piatto da gratin e versarvi sopra il composto. Non dimenticare di aggiungere le cipolle arrostite. Ora infornate per 20-30 minuti, secondo il bisogno, fino a doratura.

Spaghetti - Insalata

Tempo totale circa: 3 ore 10 minuti

Ingredienti

6 cucchiai di salsa di soia
6 cucchiai|di olio
2|cipolle o cipollotti
1 cucchiaino di miscela di spezie (spezie cinesi)
250 g di spaghetti, rotti, cotti
200 g di prosciutto cotto, a strisce/tagli
4|uova(e), sode, tagliate a fette
3|pomodori, freschi, tagliati a dadini
|Sale e pepe

Preparazione

Preparare il condimento unendo la salsa di soia, l'olio e lo scalogno. Condire con il condimento cinese, il pepe e il sale. Poi aggiungere gli spaghetti e il prosciutto cotto nella ciotola e mescolare bene. Lasciate riposare l'insalata in frigorifero per circa 3-4 ore. Poco prima di servire, mettete sopra l'uovo e le fette di pomodoro. Naturalmente, potete anche aggiungere le uova e i pomodori prima di lasciarla riposare.

Cotoletta in salsa di verdure piccante

Tempo totale circa: 30 minuti

Ingredienti

4|scalo di maiale o tacchino
1|cipolla(e) vegetale(i), sbucciata(e), dimezzata, tagliata(e) ad anelli
3|peperoni, colorati, puliti e tagliati in piccole strisce

1|zucchina, tagliata a dadini piccoli
a piacere|aglio, dadi
1 barattolo|di salsa (salsa zingara)
1 cetriolo(i) di vetro (sottaceti), tagliato in piccoli pezzi
4 cucchiai|di olio
|sale e pepe
¼ di litro|di brodo vegetale
|farina o altro legante
|polvere di paprika, dolce nobile e sale per condire la cotoletta

Preparazione

Friggere le cotolette (impanate se lo si desidera - io lascio le cotolette non impanate perché sono diabetico) in olio caldo e condirle abbondantemente con sale, peperone, paprika in polvere e sale da condimento per cotolette. Togliere la carne dalla padella e soffriggere la cipolla, l'aglio e le verdure tritate finemente in questo brodo di carne e deglassare con brodo vegetale e un po' di aceto (dai sottaceti) e lasciare le verdure a stufare per un po' fino a quando sono pronte. Rimettere la carne nella padella. Infine, togliete di nuovo la carne dalla padella e mescolate con il barattolo di salsa gitana. Legare la salsa con un addensante (qui ognuno può scegliere - in questo caso io uso la farina di semi di carrube, perché non ha calorie e KH). Un'insalata a scelta e delle patatine fritte sono il miglior accompagnamento.

Gratin di verdure

Tempo totale circa: 30 minuti

Ingredienti

150 g di cavolo rapa
150 g di carote
150 g di porro
150 g di zucchine
150 g di pepe/i

50 g di cipolla/e
2|uovo(i)
150 g di panna acida
50 ml|di brodo vegetale
1 cucchiaio|di salsa di soia
1 mazzo|di timo
|Sale e pepe, nero di mulino
|uno o più spicchi d'aglio a piacere

Preparazione

Lavare le verdure, pelare le carote e il cavolo rapa. Tagliare tutto a cubetti. Cuocere brevemente in poca acqua bollente salata. Scolare, aggiungere sale e pepe. Mettere le verdure in una pirofila. Mescolare la panna acida con le uova, il brodo vegetale (acqua di cottura) e la salsa di soia. Aggiungere le foglie di timo. Condire a piacere con sale, pepe e aglio fresco schiacciato. Versare il composto di uova e panna sulle verdure. Cuocere in forno preriscaldato a 200°C per circa 30 minuti.

Crema di cavolfiore

Tempo totale circa: 10 minuti

Ingredienti

1 cavolfiore
1 litro e mezzo di brodo vegetale
400 ml|crema
2 cucchiaini|di amido
|noce moscata
|sale

Preparazione

Tagliare il cavolfiore a pezzi, togliere le foglie e lavare con il gambo. Portare il brodo con il cavolfiore a ebollizione in una grande pentola e cuocere per circa 20 minuti. Frullare con un frullatore a mano, se si vuole, prendere alcune piccole cimette da parte e aggiungerle alla zuppa prima di servire. Aggiungere la panna, mescolare l'amido di mais con 2 cucchiai d'acqua e addensare la zuppa con esso. Condire a piacere con noce moscata e sale e ridurre a piacere.

Scodella di pesce

Tempo totale circa: 10 minuti

Ingredienti

750 g di pesce (eglefino, merluzzo, scorfano)
1 cucchiaio di aceto
|Sale
2 cucchiai|di olio

Preparazione

Spennellare il pesce lavato con olio, strofinarlo con aceto e sale, metterlo a rovescio in una ciotola, coprirlo con carta da forno, cuocerlo al vapore per 40 minuti. Servire il pesce nel piatto caldo con patate e insalata. Il piatto è raffinato se il dorso del pesce viene squamato con fette di pomodoro o con fette di cipolla e pancetta.

Tacchino - Kebab

Tempo totale circa: 1 giorno 30 minuti

Ingredienti

1.250 g|di petto di tacchino senza grasso in pezzi uguali
2 cucchiai di salvia tritata
1 rametto/i di rosmarino, gli aghi tritati
1 limone/i medio/i, il suo succo
120 g di pancetta di maiale, tagliata a fette sottili
2 cucchiai di olio d'oliva
1 mazzo|di salvia
|Sale e pepe nero

Preparazione

Mescolare i cubetti di tacchino con la salvia tritata e il rosmarino, il succo di limone, l'olio d'oliva e metterlo in una notte - meglio 24 ore. Il giorno dopo, togliere i cubi dalla marinata, scolare e avvolgere il maggior numero di pezzi possibile con la pancetta. Alternare la carne con e senza pancetta e le foglie di salvia strettamente sugli spiedini, condire con sale e pepe. Grigliare a fuoco moderato per circa 15-20 minuti. Spennellare di tanto in tanto con la marinata.

Insalata di funghi con cetrioli e pomodori

Tempo totale circa: 2 ore e 20 minuti

Ingredienti

500 g di funghi champignon, o funghi ostrica
1 cipolla media, tagliata finemente
1 cucchiaio di olio d'oliva
2 cucchiai di prezzemolo (piatto), tritato finemente
1 cetriolo/i medio/i, con i semi e tagliato/i finemente
3 pomodori di media grandezza, privati
dei semi e tagliati a strisce
3 cucchiai di olio d'oliva
1 ½ cucchiaio|di aceto di vino bianco
|Sale e pepe, nero di mulino
1 testa piccola di lattuga iceberg

Preparazione

Affettare i funghi. Scaldare 1 cucchiaio di olio d'oliva in una grande padella antiaderente. Soffriggere le fette di funghi e la cipolla tagliata a dadini fino a quando sono appena teneri e non rilasciano più liquido, non rosolare. Una volta raffreddato, mescolare il contenuto della padella con le strisce di pomodoro, il cetriolo a dadini e 1 cucchiaio di prezzemolo tritato. Aggiungere 1,5 cucchiai di aceto di vino bianco in una piccola ciotola e sbattere con un buon pizzico di sale fino a quando i grani sono dissolti. Frullare l'olio d'oliva e condire con pepe nero. Versare il condimento sull'insalata di funghi e lasciare riposare in frigorifero per almeno 2 ore. Lavare la lattuga iceberg, tagliarla a strisce sottili e disporla sui piatti. Togliere l'insalata di funghi dal frigorifero 30 minuti prima di servire, condire di nuovo con sale e pepe a piacere e poi disporre sulla lattuga iceberg. Cospargere con il restante cucchiaio di prezzemolo tritato. Secondo la ricetta, il composto di funghi può essere preparato anche un giorno prima, ma ho trovato il composto un po' acquoso.

Insalata di pasta con mozzarella

Tempo totale circa: 10 minuti

Ingredienti

75 g di pasta (pasta integrale, per esempio spirali)
60 g di mozzarella a cubetti
5|pomodori secchi
4|olive nere
1 cucchiaino di olio d'oliva
|aceto
|basilico, foglie
|Sale e pepe

Preparazione

Cuocere la pasta al dente e scolarla bene. Mescolare accuratamente con i restanti ingredienti. circa 48 g di carboidrati, 485 kcal pomodorini, olive e basilico senza carboidrati che devono essere accreditati o influenzare la glicemia

Carote - Dessert

Tempo totale circa: 10 minuti

Ingredienti

6 carote medie, carote
1 mela
1 dash|dolcificante, liquido
2 cucchiai di succo di lime

Preparazione

Sbucciare le carote e tagliarle a fette spesse un dito. Sbucciare la mela, togliere il torsolo e tagliarla a cubetti. Mettere tutto nel mulinello o nel robot da cucina e lasciar rapprendere. Poi mettere in una ciotola e mescolare con il succo di lime, così come la spruzzata di dolcificante.

Tonno fritto in stile asiatico

Tempo totale circa: 30 minuti

Ingredienti

600 g di filetto di tonno
20 g di zenzero tritato
1 spicchio d'aglio, tagliato a dadini
4 cucchiai di salsa di soia
300 g di piselli da zucchero
1 mazzo|di cipolla(e) di porro, tagliata ad anelli
1 peperoncino rosso tritato
250 ml|di brodo vegetale
1 mazzo|di coriandolo, tritato
1|sale e pepe, bianco
|olio

Preparazione

Tagliare il tonno a strisce, mescolare con lo zenzero, l'aglio e la salsa di soia e marinare per 30 minuti. Saltare le verdure nell'olio caldo, aggiungere i peperoncini e il brodo e cuocere a vapore per 10 minuti. Scolare il pesce e friggerlo per 2 minuti. Condire le verdure, aggiungere la marinata e il coriandolo. Infine, aggiungere il tonno.

Patate al forno ripiene

Tempo totale circa: 55 minuti

Ingredienti

240 g di patate
50 g di pomodori
30 g di cipolla/e
1 gambo/i di maggiorana
80 g|di tonno, nel proprio succo, in scatola
50 g di panna acida
2 cucchiai|di formaggio (Gouda), grattugiato
|Sale
|pepe bianco
1 cucchiaino|di succo di limone
un po' di grasso per lo stampo

Preparazione

Lavare bene le patate e farle bollire per circa 30 minuti. Poi scolare, sciacquare e sbucciare se necessario. Lasciare raffreddare un po'. Lavare il pomodoro, togliere i semi se necessario e tagliarlo a dadini. Tagliare finemente anche la cipolla. Lavare la maggiorana, coglierla e tritarla, tranne una parte per guarnire. Staccare il tonno e mescolarlo con il pomodoro, la cipolla e la maggiorana. Aggiungere la panna acida e metà del formaggio. Condire con sale, pepe e succo di limone. Tagliare la patata a metà nel senso della lunghezza e metterla in una piccola pirofila unta. Distribuire il composto di tonno sulle metà della patata e premere leggermente. Cospargere con il formaggio rimanente. Cuocere le patate in forno caldo a 175 °C per circa 15 minuti. Guarnire le patate al forno con la maggiorana rimasta. Equivalente a circa 3 BE.

Marmellata di cocco caraibico

Tempo totale circa: 40 minuti

Ingredienti

1 noce di cocco grande o 2 piccole
200 g di fruttosio
1 baccello(i) di vaniglia, raschiato
1|lime(i), (il succo e la scorza)
½ cucchiaino di cannella in polvere
1 pizzico di noce moscata grattugiata
1 pizzico di rhum

Preparazione

Aprite la noce di cocco e togliete la carne di cocco. Rimuovete la sottile buccia marrone con un pelaverdure. Riducete la polpa di cocco in un frullatore. Far bollire la purea di cocco con 50 cl d'acqua, il baccello di vaniglia spaccato, lo zucchero, la buccia di limone grattugiata, la cannella e la noce moscata. Lasciate bollire per circa 30 minuti, aggiungete il rum alla fine e poi riempite i bicchieri sterili twist-off.

Sambuco - Melone - Dessert

Tempo totale circa: 3 ore 10 minuti

Ingredienti

400 ml|melone(i) (purea) di una Galia, miele o anguria
3 cucchiai di sciroppo (fiori di sambuco)
1 bustina di glassa al limone
1 cucchiaino|dolcificante, liquido
100 ml|acqua
6 foglie di melissa

Preparazione

Mettere la polvere di gelatina, senza zucchero, in una casseruola con soli 100 ml di acqua e sciogliere a fuoco dolce, mescolando fino a quando il liquido diventa chiaro. Non bollire! Mescolare rapidamente lo sciroppo di fiori di sambuco e la purea di melone, addolcire a piacere con il dolcificante. I non diabetici possono anche usare zucchero in polvere a piacere per addolcire e mescolare al composto. Versare in una ciotola o in 4 vasetti e mettere in frigo, coperto, per diverse ore. Guarnire con melissa. Il dessert contiene meno di 1 BE per porzione ed è completamente privo di grassi! Per inciso, ha un sapore più simile allo sciroppo di fiori di sambuco quanto meno espressivo è il melone.

Salmone selvaggio in camicia

Tempo totale circa: 28 minuti

Ingredienti

3 piatto/i di pasta sfoglia, (congelato)
1 cucchiaino di senape, Delikatess mediamente calda
½|filetto(i) di salmone, (filetto di salmone selvaggio)
1 uovo/i
¼ di tazza di acqua
1 fetta/e di prosciutto, leggermente affumicato (foresta nera)
1 fetta di formaggio, formaggio Emmental

Preparazione

Premere 2 fogli di pasta sfoglia insieme nel senso della lunghezza per formare un grande foglio. Spalmarci sopra la senape, lasciando i bordi liberi in alto e in basso. Disporre il pesce sulla senape. Il prosciutto sopra il pesce, il formaggio sopra il prosciutto. Mettere una fetta di pasta sfoglia sopra il formaggio, ora ripiegare la pasta sfoglia sui lati destro e sinistro e premere saldamente insieme con la fetta di pasta sfoglia centrale. Premere i bordi della pasta sfoglia superiore e inferiore insieme e arrotolare verso il basso. Mescolare l'uovo e l'acqua e spennellare il pacco di pesce con esso. Mettere nel forno preriscaldato a 200 gradi e cuocere fino a quando il pacchetto è bello croccante e marrone chiaro.

Insalata estiva

Tempo totale circa: 12 ore 20 minuti

Ingredienti

500 g di pomodori da cocktail, dimezzati
5|funghi freschi, tagliati a dadini
250 g di formaggio (per esempio Gouda), tagliato a dadini
500 g di zucchine, tagliate finemente a dadini
un po' d'olio
3|erbe (erbe italiane)

Preparazione

Mescolare tutti gli ingredienti insieme. Poi cospargete le erbe e infine irrorate con un po' d'olio. Mescolare bene il tutto e lasciare riposare per una notte.

Gelato alla fragola per diabetici

Tempo totale circa: 10 minuti

Ingredienti

150 g di fragole
150 g di yogurt naturale
150 g di panna
35 g|dolcificante (dolcificante dietetico in polvere)

Preparazione

Lavare accuratamente le fragole, poi ridurle in purea. Montare la panna fino a semi-rigido e mescolare bene con lo yogurt e il dolcificante dietetico. Versare nella gelatiera e mescolare per 30 minuti.

Filetto di merluzzo con spinaci

Tempo totale circa: 30 minuti

Ingredienti

2|filetto/i di merluzzo, á 150 g
|succo di limone
300 g di spinaci in foglia
1|cipolla(e), tagliata a dadini
20 g|margarina (margarina dietetica)
|Sale
|pepe
|noce moscata
100 g di pomodoro/i
30 g|di formaggio, grattugiato

Preparazione

Cospargere il pesce con succo di limone. Scaldare metà della margarina e soffriggere i cubetti di cipolla. Aggiungere gli spinaci e un po' d'acqua e far bollire brevemente. Condire con sale, pepe e noce moscata. Pelare il pomodoro e tagliarlo a fette. Mettere gli spinaci in una pirofila, distribuirvi sopra il pesce e i pomodori. Condire con un po' di sale. Mettere sopra il resto della margarina a scaglie. Coprire la pirofila con un foglio di alluminio e cuocere su un ripiano medio per circa 25 minuti. Togliere la pellicola, cospargere di formaggio e cuocere per altri 5 minuti.

Ratatouille con agnello

Tempo totale circa: 30 minuti

Ingredienti

600 g di carne d'agnello magra
5 pomodori secchi in olio
4|Spicchio(i) d'aglio
2 cipolle
4 melanzane piccole (circa 1 kg)
2 zucchine piccole
1 cucchiaio di olio d'oliva
900 ml|di brodo vegetale
|Sale e pepe del mulino

2 foglie di alloro
4 grandi pomodori
12|olive nere
4 cucchiai di parmigiano grattugiato

Preparazione

Asciugare l'agnello con carta da cucina e tagliarlo a cubetti. Scolare i pomodori secchi in un piccolo colino, conservando l'olio. Sbucciare gli spicchi d'aglio e la cipolla e tritarli con i pomodori secchi. Pulire, lavare e affettare le melanzane e le zucchine. Scaldare il pomodoro e l'olio d'oliva in una padella larga e soffriggere le cipolle e l'aglio. Aggiungere l'agnello, soffriggere fino a quando è caldo, togliere e mettere da parte. Aggiungere le melanzane e le zucchine in lotti alla sgocciolatura nella padella e soffriggere bene. Aggiungere di nuovo la carne, mescolare i pomodori secchi, le cipolle e l'aglio e versare il brodo. Salare e pepare, aggiungere le foglie di alloro e cuocere il tutto coperto a fuoco medio per circa 10 minuti. Lavare e tagliare i pomodori freschi e farli scaldare nella ratatouille con le olive nere. Condire la ratatouille con sale e pepe e servire cosparsa di parmigiano. Per porzione: calorie: 396, proteine: 38 g, grassi: 21 g, carboidrati: 14 g.

Polpetta di tacchino

Tempo totale circa: 5 minuti

Ingredienti

500 g|Petto di tacchino o tacchino tritato
|peperoncino in polvere
|Sale e pepe

Preparazione

Macinare il petto di tacchino in un tritacarne o prendere direttamente il macinato di tacchino, condire con peperoncino, pepe e sale. Formare delle polpette piatte e cuocere in una padella senza olio o sotto la griglia. Si fa in un attimo e ha un buon sapore! Anche sul pane come "hamburger".

Insalata estiva gourmet con salsa all'aglio

Tempo totale circa: 20 minuti

Ingredienti

1 mazzo di cipolle primavera
5 pomodori
1|cetriolo/i
1 confezione|di formaggio Feta
1 tazza di panna acida
1 tazza di panna acida
2|spicchio(i) d'aglio
|Sale e pepe

Preparazione

Lavare i cipollotti e togliere le estremità e la prima foglia. Tagliarli ad anelli sottili. Tagliare i pomodori in piccoli cubetti. Disporli su tre piatti. Sbucciare e tagliare a dadini anche il cetriolo e metterlo sopra i pomodori. Grattugiare il formaggio feta sul cetriolo. Cospargere il bianco dei cipollotti. Mettere la panna acida e la crema di latte in una ciotola e mescolare fino ad ottenere un composto omogeneo. Condire con sale, pepe e aglio schiacciato. Versare sull'insalata. Infine, guarnire con i verdi dei cipollotti.

Teglia di verdure colorate con tacchino

Tempo totale circa: 25 minuti

Ingredienti

300 g di cotoletta di tacchino
1 spicchio d'aglio
2 cucchiai|di salsa di soia
2 cucchiai di pasta di pomodoro

|sale marino e pepe macinato
200 g di sedano rapa
3|carote
2 cipolle
1|peperoncino(i)
2 cucchiai di olio
100 ml|di brodo vegetale

Preparazione

Lavate la carne di tacchino, asciugatela con carta da cucina e tagliatela a strisce sottili. Sbucciare l'aglio e tagliarlo a fettine sottili. Mescolare le strisce di carne e l'aglio in una ciotola con la salsa di soia e il concentrato di pomodoro e condire con sale e pepe. Pulire e pelare il sedano rapa e le carote e tagliarle a strisce sottili. Sbucciare le cipolle e tagliarle a spicchi stretti nel senso della lunghezza. Dimezzare il peperone nel senso della lunghezza, togliere i semi, lavarlo e tagliarlo a rombi. Scaldare 1 cucchiaio d'olio in una padella antiaderente, soffriggervi le verdure tritate finemente per circa 5 minuti fino al dente, poi toglierle dalla padella. Aggiungere l'olio rimanente nella padella e soffriggere il tacchino con l'aglio per circa 2 minuti su tutti i lati. Aggiungere le verdure, versare il brodo e portare ad ebollizione una volta. Condire la padella delle verdure con sale e pepe e servire. Consiglio: potete scegliere le verdure che preferite. In ogni caso, può essere circa 800 g. Calorie: 164 Proteine: 21 g Grassi: 4 g Carboidrati: 10 g

Salmone con tamponi di verdure

Tempo totale circa: 30 minuti

Ingredienti

2 zucchine di media grandezza (circa 400 g)
600 g di carote
1 mazzo di prezzemolo
2 uova

2 cucchiai di farina (farina integrale)
2 cucchiai|di farina d'avena, (farina d'avena integrale)
2 cucchiai di succo di limone
|sale e pepe del mulino
2 cucchiai|di olio di canola
1 cucchiaio|di olio di sesamo
600 g|di filetto/i di salmone

Preparazione

Pulire e lavare le zucchine, pulire e pelare le carote. Grattugiare grossolanamente le verdure su una grattugia da cucina. Lavare il prezzemolo e scuoterlo per bene, staccare le foglie dai gambi e tritarle finemente. Mescolare le grattugie di verdure con il prezzemolo, le uova, la farina, la farina d'avena e 1 cucchiaio di succo di limone. Condire il composto di verdure e uova con sale e pepe. Scaldare l'olio di canola in una padella antiaderente. Con un cucchiaio, prelevare piccole porzioni del composto di verdure e distribuirle nella padella. Friggere le frittelle di verdure su entrambi i lati fino a doratura. Scolate le frittelle su carta assorbente e tenetele in caldo nel forno fino a quando non saranno tutte fritte. Lavate il filetto di salmone, asciugatelo con carta da cucina e dividetelo in quattro porzioni. Irrorare il salmone con il succo di limone rimanente e salare. Scaldare l'olio di sesamo in una padella e friggervi il salmone per circa 3 minuti su entrambi i lati. Servire con i bignè di verdure croccanti. Per porzione: calorie: 370, proteine: 35 g, grassi: 20 g, carboidrati: 10 g.

Zuppa di cavolfiore

Tempo totale circa: 10 minuti

Ingredienti

1 cipolla/e primaverile/i
1 spicchio/i d'aglio
300 ml|di brodo vegetale, istantaneo
½ cucchiaino|di olio di germe

150 g|di cavolfiore, tagliato a cimette
50 g di patate
½ cucchiaino|di polvere di riso
½ cucchiaino|di scorza di limone, non trattato, grattugiato
½ cucchiaino|succo di limone
1 cucchiaio|di yogurt, a basso contenuto di grassi
1 cucchiaio di prezzemolo

Preparazione

Pulire, sciacquare e tagliare la cipolla verde ad anelli. Sbucciare e tritare l'aglio. Sbucciare, lavare e tagliare a dadini le patate. Scaldare l'olio in una pentola. Soffriggervi leggermente i cipollotti e l'aglio. Aggiungere il brodo e portare a ebollizione. Aggiungere le cimette di cavolfiore, le patate, la scorza di limone e il curry e cuocere a fuoco lento per circa 8 minuti. Aggiungere il succo di limone e lo yogurt e cospargere di prezzemolo.

cavolfiore gratinato con salsa di pomodoro

Tempo totale circa: 30 minuti

Ingredienti

600 g di cavolfiore (congelato)
500 g|patate, cottura soda
|acqua salata
|Sale e pepe
800 g|pomodoro/i da tavola, fresco/i o in scatola
5|spicchio/i d'aglio
1 rametto/i di rosmarino
1 cucchiaino di olio d'oliva
125 g di mozzarella
eventualmente|basilico, fresco o secco

Preparazione

Dividere il cavolfiore in cimette, pelare le patate e tagliarle a fette spesse. Versare insieme in una grande pentola di acqua salata e cuocere al dente per circa 10 minuti, poi scolare. Nel frattempo, lavare i pomodori, tagliarli in quarti, eliminando il picciolo e i semi. Sbucciare e affettare gli spicchi d'aglio. Spellare e tritare gli aghi di rosmarino. Cuocere a vapore i pomodori e le spezie preparate con 1 cucchiaio di olio d'oliva per 10 minuti, salare. Preriscaldare il grill del forno. Versare la salsa di pomodoro in una pirofila. Distribuire le patate e il cavolfiore sulla salsa. Tagliare la mozzarella a dadini molto finemente, spargere sopra le verdure di patate e cuocere sotto il grill per 5 minuti. Decorare il cavolfiore gratinato con foglie di basilico e servire immediatamente. Servire con riso o insalata.

Teglia di riso con manzo tritato

Tempo totale circa: 50 minuti

Ingredienti

4 pomodori piccoli
1 peperone rosso
2 gambo/i di sedano
½|cetriolo/i
1 cucchiaio|di olio
400 g|di manzo macinato
120 g di riso naturale
|sale e pepe del mulino
|polvere di pepe
400 ml|di brodo di carne
1 mazzo di erba cipollina

Preparazione

Incidere i pomodori in senso trasversale, scottarli, spellarli e dividerli in quarti. Tagliare il peperone a metà nel senso della lunghezza, togliere i semi e lavare. Tagliare le metà del peperone a strisce. Pulire e lavare il sedano e tagliare i gambi a fette. Sbucciare il cetriolo, tagliarlo a metà nel senso della lunghezza e raschiare i semi con un cucchiaino. Tagliare le metà di cetriolo in piccoli cubetti. Scaldare l'olio in una pentola larga o in una padella rivestita alta e friggervi la carne macinata fino a renderla friabile. Poi aggiungere il riso e le verdure e soffriggere brevemente. Condire con sale, peperone e paprika, poi aggiungere il brodo di carne. Coprire la pentola del riso e cuocere a fuoco lento fino a quando il riso è cotto, mescolando di tanto in tanto e aggiungendo altro brodo o acqua se necessario. Lavare l'erba cipollina, scuoterla e tagliarla a rondelle sottili. Cospargere il tegame di riso con l'erba cipollina e servire. Suggerimento: si può anche usare carne di manzo macinata mista o agnello macinato al posto della carne macinata. Al posto del cetriolo, anche le zucchine o le melanzane hanno un buon sapore. Per porzione: calorie: 389, proteine: 28 g, grassi: 18 g, carboidrati: 29 g.

Blitz - mousse di mele, deliziosa al massimo e con poche calorie

Tempo totale circa: 5 minuti

Ingredienti

1 mela, crostata
1 cucchiaio di zucchero o dolcificante a pioggia
1 uovo bianco, fresco
1 cucchiaino di succo di limone o
½ cucchiaino|di acido citrico

Preparazione

Sbucciare, togliere il torsolo e tritare grossolanamente la mela e metterla in una brocca alta da frullatore. Ridurre in purea con una bacchetta dotata di un attacco a coltello. Aggiungere lo zucchero e il succo di limone. Con la bacchetta magica, mettere ora il disco per montare. Aggiungere 1 albume fresco alla purea di mele e montare con la bacchetta magica, tirando ripetutamente dal fondo della tazza al bordo per creare molto volume e "stare in piedi". Questo richiederà circa 1 - 2 minuti.

Servire immediatamente prima che la schiuma crolli di nuovo (ma si conserverà per circa 15 - 30 minuti senza problemi). Ha un sapore deliziosamente fresco, totalmente spumoso-libero - anche i nostri bambini erano entusiasti. L'ho fatto anche con le more - anche questo altamente raccomandato.

Insalata di salsiccia di carne

Tempo totale circa: 20 minuti

Ingredienti

1 anello/e|salsiccia di carne con aglio
3|peperoni
4|pomodori
1 cipolla/e grande/i
a piacere|erbe, miste, secche
un po' d'acqua
|olio
|aceto
|sale
|edulcorante

Preparazione

Tagliare a dadini la salsiccia. Tagliare a dadini anche i peperoni, i pomodori e le cipolle. Mescolare il tutto in una ciotola. Aggiungere acqua, olio, aceto, sale, erbe e dolcificante e condire a piacere.

Grana al rabarbaro senza zucchero

Tempo totale circa: 12 minuti

Ingredienti

500 g|di rabarbaro
300 ml|acqua
1 cucchiaio|dolcificante, liquido, eventualmente un po' di più
½ cucchiaino|di soda

1 goccia di succo di limone
3 cucchiaini|di amido

Preparazione

Sbucciare il rabarbaro e tagliarlo a pezzi. Poi portare a ebollizione con l'acqua, il bicarbonato e 1 cucchiaio di dolcificante insieme e cuocere fino a quando non è tenero, da 5 a 8 minuti. Il rabarbaro dovrebbe rompersi durante il processo. Mescolare l'amido di mais con un po' d'acqua fino ad ottenere un composto omogeneo. Togliere il rabarbaro dal fuoco, mescolare rapidamente e accuratamente l'amido e riportare a ebollizione. Condire a piacere con succo di limone e dolcificante. Versare la polenta in una ciotola di vetro o in un piatto di porcellana e lasciare raffreddare. È deliziosa pura o con salsa alla vaniglia. A proposito, il bicarbonato di sodio fa sì che l'asprezza del rabarbaro diventi più mite.

Insalata Rapunzel con mele e crostini

Tempo totale circa: 20 minuti

Ingredienti

150 g|insalata di campo, (Rapunzel)
200 g di funghi
1 mela grande con la buccia rossa
1 cucchiaio|di aceto di sidro di mele
2 cucchiai di succo d'arancia
1 cucchiaino|di senape di Digione
1 cucchiaino|di sciroppo, (sciroppo di riso, dal negozio biologico)
|sale marino e pepe macinato
3 cucchiai di olio d'oliva
40 g di noci
3 fette di pane (pane integrale)
75 g di gorgonzola

Preparazione

Pulire la lattuga, lavarla e scuoterla. Pulire i funghi, asciugarli con carta da cucina e tagliarli a fette. Lavare la mela, dividerla in quarti, togliere il torsolo e tagliarla a fette sottili nel senso della lunghezza. Per la vinaigrette, mescolare l'aceto e il succo d'arancia con la senape, lo sciroppo di riso, il sale e il pepe. Poi aggiungere gradualmente l'olio con una frusta. Dividere le foglie di lattuga, le fette di mela e i funghi in piatti o ciotole e irrorare con la vinaigrette. Cospargere l'insalata con le noci. Accendere la griglia del forno. Togliere la crosta dalle fette di pane integrale e tagliarle in quarti in diagonale. Tagliare il gorgonzola in piccoli pezzi e spargerli sugli angoli del pane. Mettere i pani su una teglia rivestita di carta da forno e tostare sotto la griglia del forno per circa 2 minuti, fino a quando il formaggio inizia a sciogliersi. Disporre i crostini di formaggio sull'insalata. Suggerimento: Anche una pera si abbina perfettamente all'insalata.

Tagliatelle asiatiche con zenzero e tofu

Tempo totale circa: 30 minuti

Ingredienti

|sale marino
200 g di spaghetti all'uovo cinesi
2 steli|di erba limone
20 g|di zenzero
4|love d'aglio
un po' di polvere di curcuma
un po' di coriandolo in polvere
un po' di cumino in polvere
2 cucchiaini da tè|sambal oelek
100 g di cipolla(e) primaverile(i)
1|peperone/i rosso/i
100 g|funghi ostrica
600 g|di tofu
1 cucchiaio|di olio di arachidi
400 ml|latte di cocco, non zuccherato

Preparazione

Portare a ebollizione abbondante acqua salata in una pentola e cuocervi i noodles secondo le indicazioni della confezione. Scolare in un colino, sciacquare in acqua fredda e poi scolare bene. Rimuovere le foglie esterne appassite e la metà superiore e secca della citronella. Tritare finemente la metà inferiore. Sbucciare e tritare finemente lo zenzero e gli spicchi d'aglio. Macinare la citronella, lo zenzero e l'aglio in un mortaio. Aggiungete la curcuma, il coriandolo, il cumino, il sambal oelek e il sale e mescolate il tutto per ottenere una pasta di condimento. Pulire e lavare i cipollotti e tagliarli ad anelli. Tagliare il peperone a metà nel senso della lunghezza, togliere i semi e lavare. Tagliare le metà del peperone a cubetti. Asciugare i funghi ostrica con carta da cucina e tagliarli a strisce. Lavare il tofu, asciugarlo e tagliarlo a cubetti. Scaldare il wok e aggiungere l'olio. Soffriggere la pasta di condimento per circa 1 minuto. Aggiungere le verdure e i funghi e soffriggere per circa 4 minuti. Mescolate i noodles, il latte di cocco e il tofu e lasciate scaldare. Per porzione: calorie: 540, proteine: 22 g, grassi: 29 g, carboidrati: 44 g.

Cagliata croccante alla frutta

Tempo totale circa: 10 minuti

Ingredienti

150 g di formaggio cagliato magro
1 cucchiaino|di zucchero vanigliato per la crema
1 pizzico di cannella
1 cucchiaio|di panna, (panna spray)
1 dash|acqua minerale
200 g di frutta a scelta
1 cucchiaio|di mandorle, intere con la buccia (circa 6 pezzi)
1 cucchiaino di zucchero vanigliato per la guarnizione
1 cucchiaino|di olio vegetale, neutro, per esempio olio di canola
a piacere|cioccolato fondente

Preparazione

Mescolare il quark con lo zucchero vanigliato, la cannella, la panna spray e l'acqua minerale fino ad ottenere una crema. Se vi piace più dolce, aggiungete un dolcificante artificiale. Scaldare l'olio, lo zucchero vanigliato e le mandorle in una padella antiaderente finché lo zucchero non si è sciolto (attenzione a non farlo scaldare troppo!). Versare la cagliata in una piccola ciotola, aggiungere la frutta preparata a piacere e condire, e completare con il topping croccante. Per la decorazione potete aggiungere un po' di cannella o di cacao in polvere sopra. Quelli raffinati piallano qualche scaglia di cioccolato fondente sopra con un pelapatate o nella cagliata. Il tutto è un pasto ricco di proteine, sano e con importanti acidi grassi. Ottimo anche da portare al lavoro e può servire come colazione, pranzo o cena se siete a dieta.

Finta mela al forno

Tempo totale circa: 20 minuti

Ingredienti

300 g di rabarbaro
300 g di papaia
200 ml|latte (0,1%)
2 gocce di aroma di vaniglia al burro
1 cucchiaino di cannella
|dolcificante
2 g di farina di pane di Johannes (Nestargel)

Preparazione

Sbucciare il rabarbaro e tagliarlo in pezzi lunghi 3-5 cm. Metteteli in una pentola con circa 1 litro d'acqua e addolcite bene con il dolcificante. Ora si può già aggiungere un pizzico di cannella e poi cuocere il rabarbaro a fuoco alto per 5-10 minuti. Può bollire tranquillamente qualcosa. Poi scolare in un setaccio e nel tempo già liberare la papaya dalla buccia e dai semi. Tagliare la papaia in piccoli pezzi. Ora mettete il rabarbaro in uno stampo o in una ciotola e distribuitevi sopra la papaia. Mettete 200 ml di latte in una pentola e addolcitelo bene con il dolcificante o lo zucchero e aggiungete il cucchiaino di cannella e l'aroma. Portare a ebollizione brevemente e aggiungere il gel nestar al composto bollente e sbattere per combinare. Ora versare il latte sulla papaya e sul rabarbaro. Meglio consumare immediatamente. L'ho appena preparato e ho pensato che avesse il sapore delle mele al forno e che fosse assolutamente delizioso. L'intera ricetta ha 150 kcal.

Verdure acide e piccanti

Tempo totale circa: 35 minuti

Ingredienti

500 g di broccoli
10|funghi, shitake-
1 pezzo(i) di zenzero fresco (circa 30 g)
1 peperoncino rosso
150 g di germogli di bambù
1 uovo(i)
2 cucchiai di olio neutro
50 ml|di brodo vegetale, forte
1 cucchiaio|di salsa di soia, leggera
1 cucchiaio di aceto balsamico
1 cucchiaio|di amido
|Sale e pepe

Preparazione

Pulire, lavare e dividere i broccoli in cimette. Sbollentare in acqua salata per 2-3 minuti, scolare, sciacquare con acqua fredda e scolare bene. Asciugare i funghi, pulirli e tagliarli in quarti. Sbucciare lo zenzero e tagliarlo finemente a dadini.

Tagliare il peperoncino nel senso della lunghezza, togliere i semi, lavare e tagliare anch'esso a dadini sottili. Scolare i germogli di bambù e sbattere l'uovo con 1 cucchiaio d'acqua. Scaldare 1 cucchiaio d'olio nel wok, friggervi i broccoli per 2 minuti e spingerli sul bordo. Aggiungere l'olio rimanente nel wok, friggervi lo zenzero e il peperoncino per 1 minuto e spingerlo anch'esso verso l'alto. Versare il brodo vegetale e la salsa di soia. Mescolare i funghi e i germogli di bambù, condire con sale, pepe e l'aceto. Lasciare cuocere il tutto tranquillamente per 5 minuti. Mescolare l'amido con 2 cucchiai d'acqua fino ad ottenere un composto omogeneo e mescolarlo alle verdure. Togliere il wok dal fuoco, mescolare l'uovo. Disporre le verdure su un grande piatto da portata e servire con riso basmati.

Zuppa di carote con scamorza

Tempo totale circa: 20 minuti

Ingredienti

250 g di formaggio (scamorza affumicata)
2 cucchiai di olio d'oliva
1 cucchiaino|di buccia d'arancia, grattugiata
1 kg di carote
3|scalogno/i
1|spicchio(i) d'aglio
1 litro di succo, (succo di carota)
200 ml|succo d'arancia, appena spremuto
750 ml|di brodo vegetale
1|limone(i), il suo succo
1 piccolo|peperoncino(i), essiccato(i)
1 cucchiaio|di origano, secco
3 rametti di rosmarino
1|cipolla(e) primaverile(i)
|Sale marino, grosso
|pepe
|pepe di Caienna

Preparazione

Tagliare la scamorza a strisce sottili. Mescolare l'olio d'oliva con la scorza d'arancia, un pizzico di sale marino e un pizzico di pepe in una marinata e metterci la scamorza. Sbucciare le carote e tagliarle a pezzi di circa 1 cm di larghezza. Mettere nella camera di cottura della vaporiera da tavolo. Sbucciare gli scalogni e l'aglio e aggiungerli sopra le carote. Cuocere a vapore per circa 20 minuti fino a quando le carote sono morbide. Mescolare 500 ml di succo di carota con 500 ml di brodo vegetale in una pentola. Aggiungere i peperoncini, l'origano e il rosmarino e far sobbollire per circa 15 minuti. Spremere i limoni e le arance. Togliere i rametti di rosmarino e aggiungere le verdure dalla vaporiera alla pentola. Aggiungere i restanti 500 ml di succo di carota, 250 ml di brodo vegetale e il succo di limone e di arancia. Portare il tutto a ebollizione, condire con sale marino, pepe e pepe di Caienna, poi frullare. Pulire il cipollotto e tagliarlo ad anelli sottili. Mettere un cucchiaio di strisce di scamorza in ogni piatto fondo, poi versarvi sopra la zuppa e cospargere il tutto con qualche anello di scalogno.

Melanzane gratinate con ripieno di lenticchie e germogli di ceci su purè di patate

Tempo totale circa: 30 minuti

Ingredienti

4|melanzane
200 g di germogli (germogli di lenticchie)
200 g di germogli di ceci
8 fette di formaggio, Emmental o Gouda
500 g di patate, (cucina farinosa)
50 g di burro
¼ di litro di latte
|Sale e pepe
|noce moscata

Preparazione

Preriscaldare il forno a 150 gradi. Pulire le melanzane, lavarle, tagliarle a metà nel senso della lunghezza e spennellare la superficie tagliata con olio d'oliva. Mettere su una teglia e cuocere per 15-30 minuti, a seconda delle dimensioni. Nel frattempo, sbucciare e bollire le patate. Scaldare il latte e scioglervi il burro. Schiacciare le patate cotte, aggiungendo il composto di burro e latte. Condire con sale e noce moscata. Cuocere a vapore i germogli di ceci per circa 10 minuti in modo che abbiano ancora un po' di mordente, non del tutto morbidi.
Versare il purè di patate in una pirofila leggermente oliata (pirofila). Svuotate con cura le melanzane cotte e mettetele nel purè (il purè sosterrà le barchette di melanzane, per così dire). Suggerimento: io uso un cucchiaio di pompelmo o di uva per scavare. Ridurre in purea la polpa delle melanzane, condire con sale e pepe, mescolare con i germogli di lenticchie e ceci e farcire le metà delle melanzane. Se rimane del composto, spargerlo nello stampo. Coprire il tutto con il formaggio e infornare a 200 gradi per circa 15 minuti o fino a quando il formaggio è fuso e leggermente dorato. I germogli di lenticchie sono ancora sodi al morso - se vi piacciono più morbidi, cuoceteli al vapore insieme ai germogli di ceci per circa 5 minuti. Il piatto acquista una nota dolce se tritate dei datteri secchi e li aggiungete al ripieno.

Zucchine ripiene

Tempo totale circa: 1 ora

Ingredienti

4 zucchine di media grandezza
4 pomodori pelati
140 g|funghi freschi
40 g di fiocchi d'avena, con semi
60 g|Parmigiano, grattugiato
1 cipolla/e

1|spicchio(i) d'aglio
10 g di basilico
|Sale e pepe
|borragine

Preparazione

Tagliare le zucchine a metà nel senso della lunghezza e scottarle in acqua bollente per 10 minuti. Nel frattempo, tagliamo a dadini la cipolla, i pomodori, i funghi e l'aglio e soffriggiamo tutto insieme alla farina d'avena nel burro. Estrarre con cura la polpa delle zucchine con un cucchiaio e tagliarla finemente. Poi mescolare con metà del parmigiano e il composto di zucchine, condire con sale, pepe, aglio ed erbe e riempire il composto nelle metà di zucchine scavate. Poi cospargere con il parmigiano rimanente e cuocere in forno a 160°C per circa 10 minuti.

Filetto di pangasio con finocchio e riso al vapore

Tempo totale circa: 20 minuti

Ingredienti

2|filetti di pesce (filetti di pangasio) pronti
per la cottura (totale circa 1 kg)
100 g di riso
200 ml|acqua o brodo vegetale
1 bulbo/i di finocchio
|granuli di aglio
|sale
|pepe

Preparazione

Prima di tutto: io ho una Tefal VS 4001 VitaCuisine - con altri dispositivi la preparazione può variare. Mettere il riso con acqua o brodo vegetale nel contenitore del riso della vaporiera e cuocere a vapore per 20 minuti. Lavare, pulire e affettare il finocchio e metterlo in un cestello di cottura. Aggiungere fiocchi d'aglio a piacere. Pulire il pesce e metterlo sulla piastra di cottura. Dopo 20 minuti, aggiungere il cestello di cottura con il finocchio al contenitore del riso nella camera di cottura e mettere il piatto di cottura con il pesce sopra. Cuocere a vapore insieme al riso per altri 20 minuti. Condire il finocchio con sale e pepe. Servire il riso, il finocchio e il pesce. Servire con una salsa fredda all'aglio.

Insalata primaverile colorata

Tempo totale circa: 20 minuti

Ingredienti

300 g di cavolo rapa
300 g di cetrioli
250 g di carote
160 g di ravanello
1 scatola|di crescione
150 g|Yogurt (1,5% di grasso)
½|limone(i), il suo succo
|Dolcificante
|sale
1 uovo(i) sodo
a piacere|lattuga, qualche foglia

Preparazione

Sbucciare il cavolo rapa e le carote, lavarli, asciugarli e grattugiarli grossolanamente. Lavare il cetriolo e i ravanelli e affettarli senza sbucciarli. Lavare e tritare il crescione e mescolarlo con cura agli ingredienti. Per la marinata, mescolare lo yogurt e il succo di limone, poi condire con sale e dolcificante e versare sull'insalata. Lavare le foglie di lattuga. Foderare una ciotola con esse e disporvi il tutto. Come guarnizione, sbucciate l'uovo sodo, tagliatelo in ottavi e mettetelo sull'insalata finita.

Mousse all'arancia

Tempo totale circa: 20 minuti

Ingredienti

1|Arance non trattate, il loro succo e la loro grattugiata
3|Il tuorlo
250 g di mascarpone o crema di quark ben sgocciolata
125 g di panna montata
6 fogli di gelatina
8 ml|dolcificante liquido
2 cucchiai di liquore all'arancia
|buccia d'arancia, non trattata, grattugiata

Preparazione

Per prima cosa, immergiamo la gelatina in acqua fredda secondo le indicazioni del pacchetto. Nel frattempo, sbattiamo il tuorlo d'uovo e il dolcificante liquido fino a renderlo molto spumoso. Mescoliamo il mascarpone o il quark nella miscela di tuorli d'uovo. Ora aggiungiamo con cura 1 cucchiaio di scorza d'arancia, 4 cucchiai di succo e il liquore agli ingredienti. Poi mescoliamo la gelatina al composto. Poi raffreddiamo il tutto. Infine, aggiungiamo la panna montata a neve alla mousse, versiamo il tutto in 6 ciotole di servizio e mettiamo in frigo le ciotole per una notte. Il giorno dopo, grattugiamo finemente la rimanente scorza d'arancia e la cospargiamo sulla mousse.

Zuppa di crema di zucchine rosa

Tempo totale circa: 25 minuti

Ingredienti

3|zucchine
½ barbabietola cotta
1 cipolla media
1 spicchio d'aglio
50 ml|di cucina di soia
¾ di litro di acqua

|brodo vegetale, granulato
|Sale
|peperoncino in polvere
|Olio di semi di zucca
|olio di semi di colza

Preparazione

Tagliare le zucchine a metà, raschiare la polpa e assicurarsi che non ci siano parti verdi della pelle. Poi tagliate le cipolle, la polpa delle zucchine all'aglio e la barbabietola in pezzi grossolani. Mettere un po' d'olio di canola in una pentola e soffriggervi le cipolle, aggiungere la polpa delle zucchine, l'aglio e la barbabietola. Deglassare con l'acqua, aggiungere il brodo granulare e cuocere la zuppa per 10 minuti, poi frullare finemente con un frullatore. Aggiungere la crema di soia e condire a piacere con sale e peperoncino. Disporre in piatti da minestra e versare un po' di olio di semi di zucca su ciascuno. La zuppa può essere fatta anche con mezzo peperone rosso al posto della barbabietola. Questo deve essere tritato finemente e soffritto con le cipolle. La zuppa diventerà poi arancione.

Polpette di gamberi in salsa di prugne

Tempo totale circa: 40 minuti

Ingredienti

30 g|gamberi
2 cucchiai di semi di sesamo
½ mazzo di cipolla primavera
½ mazzo|di basilico, thai
1|lime(s), (buccia grattugiata)
1 cucchiaio|di olio, (olio di arachidi)
1 cucchiaio di amido di mais
|Sale e pepe, bianco
½|peperoncino(i)
30 g di radice di zenzero

2|spicchio(i) d'aglio
200 g|purea di prugne
1 cucchiaino|di polvere di cinque spezie
50 ml|salsa di soia
50 ml di brodo di pollo
1 cucchiaino di aceto di riso

Preparazione

Lavate i gamberi, asciugateli, preparateli pronti per la cottura, sventrateli e tritateli finemente. In una piccola padella, tostare i semi di sesamo senza grasso fino a doratura. Pulire i cipollotti e tagliarli ad anelli sottili, cogliere il basilico e tritarlo finemente. Impastare la carne dei gamberi con i semi di sesamo, i cipollotti, il basilico, la scorza di lime, l'olio di arachidi e l'amido di mais, condire generosamente con sale e pepe. Con un cucchiaino, prelevare 16 porzioni dal composto di gamberi, formare delle palline sottili e raffreddare su un piatto, coperto. Per la salsa di prugne, togliere i semi e tritare finemente il peperoncino. Sbucciare e tritare molto finemente lo zenzero e l'aglio e mescolare con il peperoncino, la purea di prugne, la miscela di cinque spezie, la salsa di soia, il brodo di pollo e l'aceto di riso. Condire a piacere con sale e pepe. In una grande pentola, portare a ebollizione circa 2 litri d'acqua. Cuocere le polpette di gamberi per 2-3 minuti e servirle calde con la salsa di prugne.

Crema di lamponi

Tempo totale circa: 1 ora e 15 minuti

Ingredienti

450 g di lamponi, freschi o congelati
180 g di formaggio fresco
150 g|di yogurt naturale a basso contenuto di grassi
3 cucchiai|di zucchero, o una quantità appropriata di dolcificante
eventualmente|zucchero a velo, per guarnire

Preparazione

Lavare i lamponi freschi OPPURE scongelare i lamponi congelati. Mettere da parte alcuni lamponi per guarnire. Usando il dorso di un cucchiaio, filtrare il resto in una ciotola insieme alla ricotta. Mescolare lo yogurt, lo zucchero o il dolcificante, versare in ciotole da dessert e mettere in frigo per almeno 1 ora. Appena prima di servire, guarnite con i lamponi messi da parte e spolverate con zucchero a velo, se volete.

Zuppa di pollo

Tempo totale circa: 15 minuti

Ingredienti

1 pollo (non da minestra)
1 gambo/i di porro
1 pezzo(i) di sedano
1 porro
1 mazzo|di carote

Preparazione

Mettere il pollo in una grande pentola con acqua e farlo bollire per circa 45 minuti. Nel frattempo, tagliare le verdure fresche in piccoli cubetti e poi aggiungerle al pollo. Salare la zuppa e cuocere fino a quando le verdure sono morbide. Se necessario, condire un po' con Maggi. Aggiungere i noodles se si desidera.

Filetto di salmone con asparagi in letto di verdure

Tempo totale circa: 40 minuti

Ingredienti

560 g|filetto(i) di salmone, fresco
240 g|Asparagi verdi
180 g|piselli da zucchero
240 g di carote a mazzo

1 cucchiaio|di olio d'oliva, vergine, spremuto a freddo
1 cucchiaio|di burro (burro irlandese)
½ cucchiaino|di limone(i) - scorza, grattugiata, non trattata
1 limone, il succo
|Sale, grosso, dal mulino
|pepe nero, dal mulino
12 foglie di cerfoglio, per guarnire

Preparazione

Pulire, sbucciare e sciacquare le verdure. Tagliare un po' delle estremità inferiori degli asparagi, pelare l'ultimo quarto, poi tagliare a pezzi lunghi 2-3 cm. Tagliare le carote molto piccole (cubetti o anelli). Cuocere le verdure separatamente in acqua salata fino a quando sono sode al morso, asparagi e carote circa 3-4 minuti, i piselli dolci solo 1 minuto! Condire i filetti di salmone con sale e pepe e irrorarli con il succo di un limone. Scaldare l'olio extravergine d'oliva in una padella (funziona anche in un AMC roaster) e friggervi il salmone per circa 2-3 minuti su ogni lato. Scaldare il burro e scolare le verdure. Poi saltate brevemente le verdure con le scaglie di limone nel burro riscaldato e create un letto di verdure su piatti piani. Disporre il filetto di salmone sul letto di verdure e guarnire con il cerfoglio. Servire con un Riesling, sempre del 2005!

Tartare di salmone

Tempo totale circa: 1 ora e 30 minuti

Ingredienti

1 confezione di salmone affumicato
1 cipolla piccola
½|limone(i), il succo
|Sale, a piacere
|pepe, macinato fresco secondo il proprio gusto
2 uova sode
1 mazzo di aneto

Preparazione

Tagliare il salmone molto finemente. Tagliare le cipolle a cubetti molto piccoli e fini. Potete anche usare un coltello per tagliare. Lavare l'aneto, tagliare le estremità. Poi tagliare molto finemente con un coltello da taglio o un coltello affilato. Tagliare anche le uova sode molto piccole. Mettere tutto insieme in una ciotola e mescolare. Salare e pepare a piacere. Servire con pane fresco. È meglio metterlo in frigorifero per un'ora.

Pomodori - Raita

Tempo totale circa: 15 minuti

Ingredienti

250 ml|yogurt magro
|Sale e pepe
1 pizzico di cumino macinato
1 pomodoro/i grande/i o 2 piccoli
1|scalogno/i
1 cucchiaino di coriandolo, tritato finemente

Preparazione

Sbattere lo yogurt fino a renderlo spumoso. Condire con sale, pepe e il cumino macinato o il cumino pestato in un mortaio. Pulire il pomodoro dalla lastra e tagliarlo a cubetti fini. Allo stesso modo lo scalogno. Mescolare con lo yogurt e servire con i verdi di coriandolo. Va molto bene con la carne alla griglia.

Salsa alla vaniglia

Tempo totale circa: 10 minuti

Ingredienti

250 ml|latte scremato (0,3% di grassi)
2 g|Farina di pane (Biobin)
3 gocce di colore alimentare, giallo, a piacere

1 cucchiaino|di zucchero vanigliato
1 cucchiaino|di zucchero vanigliato (boubon)
2 cucchiai|dolcificante, (dolcificante a pioggia)

Preparazione

Sbattere il Biobin nel latte e portarlo a ebollizione mescolando. Raffreddare in un bagno di acqua fredda. Se necessario, colorare di giallo vaniglia con coloranti alimentari e aromi e addolcire con zucchero vanigliato, zucchero vanigliato e dolcificante a pioggia.

Verde - Fagioli - Verdure

Tempo totale circa: 10 minuti

Ingredienti

3 barattoli di fagioli, fagioli della principessa 400 g ciascuno
un po' di farina
un po' di santoreggia
un po' di brodo vegetale, granulato
4 cucchiai|di margarina o olio, neutro
500 ml|acqua
|sale e pepe

Preparazione

Scaldare la margarina o l'olio in una casseruola, nel frattempo aprire i barattoli. Poi mescolare un po' di farina con una frusta nel grasso caldo, lasciarla dorare leggermente per un po' di tempo. Poi aggiungere 500 ml di acqua e mescolare bene con una frusta. Aggiungere circa 1 cucchiaio di brodo vegetale in polvere. Ora aggiungere i fagioli insieme al liquido, se c'è la santoreggia, aggiungere anche un cucchiaio e portare a ebollizione. Se la salsa è ancora troppo sottile, riempire una tazza da 1/3 a 1/2 di farina, secondo il gusto, versare acqua fredda e mescolare fino ad ottenere un composto omogeneo, poi aggiungerne altrettanta ai fagioli, mescolare e portare ad ebollizione fino a che la salsa sia leggermente cremosa. Infine, condire di nuovo con brodo, sale e pepe e cuocere a fuoco lento per 15 minuti. Servire con panini. Consiglio: meglio prepararla la mattina o il giorno prima, i fagioli sono ancora più buoni riscaldati.

Crema di lenticchie con panna acida

Tempo totale circa: 20 minuti

Ingredienti

500 g di lenticchie con verdure in scatola
1 tazza/e di brodo vegetale
1|cipolla/e
60 g|di prosciutto cotto senza bordo grasso
2 cucchiaini|di olio
2 cucchiaini|di pasta di pomodoro
2 cucchiai|di aceto balsamico
|sale e pepe, dal mulino
2 pizzichi di zucchero
2 cucchiai di panna acida

Preparazione

Togliere 4 cucchiai di lenticchie e mettere da parte. Ridurre in purea il resto. Sbucciare e tagliare finemente le cipolle. Togliere il grasso dal prosciutto, se necessario, e tagliare anch'esso a dadini. Friggere entrambi in olio caldo. Aggiungere il composto di prosciutto e cipolla e il concentrato di pomodoro al purè di lenticchie. Poi aggiungere le lenticchie rimanenti e riscaldare coperto. Condire a piacere con sale, pepe, zucchero e aceto balsamico. Versare in piatti profondi o servire in tazze da zuppa, con 1 cucchiaio di panna acida su ciascuna.

La zucca incontra la zuppa di mele

Tempo totale circa: 30 minuti

Ingredienti

½|Pumpkin(se), Hokkaido (circa 400 g)
400 g di patate
1 carota(e) media(e), circa 100 g
1 cipolla(e), circa 100 g
2 mele, circa 350 g
1|mango(i)
1 ½ litro|di acqua
1 cucchiaino|di brodo vegetale
a piacere|sale, (il sale cinese contiene peperoncino, curcuma, pepe, sale, ecc.)
a piacere|curry
se desiderato|sale
a piacere|olio
|olio di semi di zucca

Preparazione

Tagliare la zucca con la buccia ma senza i semi. Anche le patate sbucciate e la carota. Mettere il tutto in una pentola con acqua e aggiungere già le spezie. In una padella, soffriggere la cipolla affettata nell'olio e aggiungerla alla zuppa. Far bollire il tutto fino a quando non si ammorbidisce e nel frattempo lavare, togliere il torsolo e dividere in quarti le mele. Togliere il nocciolo e la buccia al mango. Ora aggiungete i pezzi di mela con la buccia e la polpa del mango alla zuppa e fate sobbollire per qualche minuto. Poi frullare il tutto con il frullatore, condire e distribuire nei piatti. Decorare con olio di semi di zucca e servire. Si può anche bollire il tutto e servire come purea.

Petto di pollo con flair mediterraneo

Tempo totale circa: 20 minuti

Ingredienti

3 limoni medi, non trattati, mondati, tagliati

a fette sottili e snocciolati
1 cucchiaino di olio extravergine d'oliva
|Sale, a piacere
460 g|petti di pollo, senza pelle e senza ossa,
porzionati a 115 g ciascuno
|sale e pepe
30 g di farina
2 cucchiaini|di olio extravergine d'oliva
300 ml|di brodo di pollo
2 cucchiai|di capperi, sciacquati
2 cucchiaini|di burro
3 cucchiai di prezzemolo tritato

Preparazione

Per prima cosa preparate i limoni arrostiti al forno: Scaldate il forno a 160°C. Foderare una teglia con carta da forno. Distribuire le fette di limone su di essa in un unico strato e spennellare con olio d'oliva e cospargere di sale. Mettete nel forno preriscaldato per circa 25-30 minuti, fino a quando i limoni si asciugano leggermente e si dorano intorno ai bordi. Mentre le fette di limone cuociono, preparate la carne di pollame: Mettete i petti spellati tra la pellicola di plastica e pestateli a piatto (1¼ pollici di spessore); condite con sale e pepe. Girare il pollo nella farina e scuotere attentamente la farina in eccesso. In una padella rivestita, scaldare l'olio d'oliva a fuoco medio-alto. Cuocere le cotolette di pollo su entrambi i lati fino a doratura, circa 2 o 3 minuti per lato: lasciare nella padella. Versare con attenzione il brodo (schizzare!) e portare a ebollizione. Raschiare la feccia con un cucchiaio di legno e mescolare. Aggiungere i capperi. Far bollire il liquido fino a renderlo sciropposo (da 5 a 8 minuti); girare le cotolette una volta durante questo tempo di cottura. Aggiungere le fette di limone finite, il burro, 2 cucchiai di prezzemolo e altro pepe. Far sobbollire dolcemente fino a quando il burro si scioglie e la carne di pollame è cotta, circa altri 2 minuti. Cospargere con il prezzemolo rimanente prima di servire. Servire immediatamente. Ci piace mangiare la baguette con questo. Per porzione: 219 Kcal 7 g di grassi 10 g di carboidrati 28 g di proteine 1 g di fibre.

Melanzane ripiene

Tempo totale circa: 40 minuti

Ingredienti

1|Spicchio(i) d'aglio
75 g|Paprika(e) rossa(e)
1 melanzana/e
75 g|Tatar
50 g|di formaggio fresco, più leggero
4 gambi di timo
|Sale
|pepe
40 g|di formaggio, grattugiato leggero
250 g|di pomodoro/i
1|cipolla(e)
1 cucchiaino di olio d'oliva

Preparazione

Sbucciare l'aglio, tritarlo finemente. Pulire il peperone e tagliarlo a dadini. Spuntare le foglie di timo. Lavare le melanzane, tagliarle a metà nel senso della lunghezza e scavarle. Tritare la polpa delle melanzane. Mescolare con tartaro, aglio, peperoni, crema di formaggio e metà del timo. Condire con sale e pepe. Farcire nelle melanzane. Cospargere di formaggio. Cuocere in una pirofila in forno preriscaldato (fornello elettrico: 200°C; gas: livello 4; forno a convezione: 180°C) per circa 25 minuti. Lavare, togliere il nocciolo e tagliare a dadini i pomodori. Sbucciare e tritare la cipolla. Scaldare l'olio e soffriggere le cipolle fino a renderle traslucide. Aggiungere i pomodori e il timo rimanente, cuocere a fuoco lento per 10 minuti. Condire con sale e pepe e servire con le melanzane.

Carne affettata con salsa di pomodoro

Tempo totale circa: 25 minuti

Ingredienti

500 g di carne di manzo magra
300 g di pomodori
4|scalogno/i
1 cucchiaio|di aceto (aceto di vino rosso)
3 cucchiai|di rafano, grattugiato
2 cucchiai|di olio (olio d'oliva)
20 g|di burro
|Sale e pepe
½ mazzo|di aneto
|polvere di paprika, dolce

Preparazione

Tagliare la carne a strisce. Tritare grossolanamente i pomodori con gli scalogni puliti, l'aceto e il rafano in un frullatore. Scaldare l'olio e il burro in una padella antiaderente. Rosolare brevemente la carne. Deglassare con la salsa di pomodoro e cuocere brevemente, aggiungere sale e pepe e servire con l'aneto tritato. Servire con riso selvatico.

Melanzane intelligenti

Tempo totale circa: 40 minuti

Ingredienti

500 ml|di brodo vegetale, da polvere istantanea
70 g|basmati
4 cucchiai di timo secco
2 melanzane
3 cipolle medie
6 spicchio/i di aglio, fresco
2 peperoni rossi

4 cucchiaini di pepe nero, macinato finemente
250 g di mozzarella
600 g di pomodori, interi in scatola
4 cucchiai|di basilico, tritato (fresco o congelato)
q.b.|sale
q.b.|pepe nero, macinato grossolanamente da un mulino
a piacere|paprika in polvere, dolce nobile
1 mazzo|di erba cipollina

Preparazione

Per 4 porzioni, portare a ebollizione 500 ml di brodo vegetale in una casseruola. Se la ricetta viene convertita in un numero diverso di porzioni, sarà sufficiente un po' meno o un po' più di brodo, quindi per 2 porzioni non circa la metà. Aggiungere il riso e il timo e cuocere a fuoco moderato in una pentola aperta secondo le indicazioni del pacchetto. La quantità di timo sembra molto grande, ma è effettivamente necessaria. Sciacquare le melanzane sotto l'acqua fredda, asciugarle, tagliare le estremità e tagliarle a metà orizzontalmente. Sul lato piatto e tagliato, fare un taglio diagonale tutt'intorno con un coltello a punta in modo che il taglio non attraversi tutta la metà della melanzana, lasciando un bordo di 1 cm. Usando un cucchiaio il più affilato possibile, estrarre le mezze melanzane, lasciando anche un fondo di 1 cm. Tagliare la polpa in piccoli cubetti. Sbucciare e tagliare finemente la cipolla. Sbucciare l'aglio e spremerlo con uno spremiaglio. Pulire e lavare i peperoni e tagliarli a cubetti di 1 cm. Mescolare i peperoni tagliati a dadini, metà della cipolla tagliata a dadini e un terzo dell'aglio con il riso e cuocere in una pentola chiusa per altri 10 minuti a fuoco moderato. Poi condire con pepe nero macinato finemente e sale, se si desidera. La quantità di pepe sembra molto grande, ma è effettivamente necessaria. Il brodo vegetale istantaneo è di solito abbastanza salato da non richiedere un'ulteriore salatura. Mettere le metà delle melanzane, con la cavità verso l'alto, in una pirofila. Riempire la cavità con il composto di riso. Premere saldamente il composto nella cavità con un cucchiaio. Scolare la mozzarella, tagliarla a fette e ricoprirla con le mezze melanzane. Tagliare i pomodori in scatola a pezzetti. Mescolare l'altra metà della cipolla tagliata a dadini, i restanti due terzi dell'aglio, le melanzane tagliate a dadini, i pezzi di pomodoro, la salsa di pomodoro in scatola e il basilico in un contenitore e versare intorno alle metà di melanzana nella pirofila. Assicurarsi di spargere il composto anche dove le melanzane si assottigliano e riempire fino alla cima delle metà delle melanzane in modo che tutta la pelle delle melanzane sia toccata dal composto. Cospargere la mozzarella con pepe macinato e paprika in polvere. Cuocere in una pirofila a 200°C (forno a convezione: 180°C) per 50 minuti. Nel frattempo, lavare e tritare l'erba cipollina. Alla fine del tempo di cottura, lasciate raffreddare un po' il piatto. Cospargere di erba cipollina e servire caldo. Il piatto ha un valore nutrizionale relativamente basso ed è adatto a una dieta ridotta. È povero di sale da cucina e ricco di vitamine, minerali e oligoelementi. 1 porzione contiene la seguente proporzione dei valori guida per l'assunzione giornaliera per gli adulti secondo GDA o DGE: Energia (calorie) 16 % Proteine 38 % Carboidrati 11 % Grassi 20 % Fibra alimentare 36 % Sodio (sale) 14 % Vitamina A 34 % Vitamina B1 24 % Vitamina B2 42 % Vitamina B6 27 % Vitamina C 89 % Vitamina E 11 % Niacina 20 % Colesterolo 28,75 mg per porzione

Gazpacho

Tempo totale circa: 20 minuti

Ingredienti

500 g di pomodoro/i, in alternativa 2 lattine di pomodori pelati e tagliati a pezzi da 420 ml
1 cetriolo/i di media grandezza
500 g di zucchine
2 cipolle
2|spicchio/i d'aglio, o più

a piacere|sale e pepe
a piacere|Tabasco
acqua a piacere
|Erbe, fresche, origano, basilico.

Preparazione

Lavare i pomodori, togliere i gambi e tritarli con la buccia, lavare anche i cetrioli e le zucchine e tritarli con la buccia, sbucciare le cipolle e l'aglio, tritare le cipolle e schiacciare gli spicchi d'aglio. Mettere tutti gli ingredienti nel frullatore e mescolare bene. Ora condire con le erbe fresche, sale, pepe e Tabasco. Raffreddare bene e servire freddo come il ghiaccio. Questa è la versione light senza brodo, senza olio d'oliva e senza pane bianco. La consistenza è un po' più spessa ma ancora cremosa. Se lo trovate troppo denso, potete naturalmente aggiungere un po' d'acqua.

Tegame di tacchino esotico con riso selvatico

Tempo totale circa: 35 minuti

Ingredienti

80 g di riso (miscela di riso selvatico)
|Sale e pepe bianco
2|cipolle sbucciate (circa 30g)
400 g di carote fresche, sbucciate
200 g di broccoli
100 g di germogli di soia
6 g di olio
2 pizzichi di brodo (istantaneo)
120 g di filetto/i di petto di tacchino
4 rametto/i di prezzemolo

Preparazione

Aggiungere il riso in ben 250 ml di acqua bollente salata e cuocere a fuoco lento per circa 20 minuti. Tritare la cipolla, lavare e affettare le carote. Lavare i broccoli e tagliarli a cimette, aggiungere. Soffriggere in 1 cucchiaino di olio caldo. Portare a ebollizione in 200 ml di acqua e mescolare con il brodo. Coprire e cuocere a vapore per 6-8 minuti. Lavare la carne e asciugarla. Condire con sale e pepe. Tagliare il filetto a fette. Scaldare 1 cucchiaino di olio in una piccola padella antiaderente. Friggere la carne per 3-4 minuti su ogni lato. Aggiungere i germogli di fagioli e saltare per 1 minuto. Scolare le carote e i broccoli, riservando l'acqua di vegetazione. Togliere la carne e i germogli, tenere in caldo. Deglassare la padella con acqua vegetale, ridurre leggermente e condire a piacere. Lavare il prezzemolo, asciugarlo e tritarlo finemente. Disporre il tutto. Guarnire con il prezzemolo.

Il miglior condimento per l'insalata estiva

Tempo totale circa: 7 minuti

Ingredienti

4 pomodori medi, maturi
2 cucchiaini di brodo, granulato, sciolto in 150 ml di acqua calda
1 spicchio d'aglio schiacciato
1 cucchiaio di olio d'oliva
1 cucchiaio di aceto balsamico o aceto di vino bianco
2 cucchiai|di basilico, fresco o 1 cucchiaino secco
|Sale e pepe, appena macinato
|zucchero o dolcificante

Preparazione

Togliere il gambo ai pomodori, tritare grossolanamente i pomodori e metterli in un robot da cucina. Ridurre in purea e aggiungere gradualmente aglio, basilico, aceto e olio attraverso lo scivolo di alimentazione. Prendete solo metà del brodo per ora. Sbattere bene il tutto e condire con sale, pepe e zucchero. Se necessario, aggiungere altro brodo. Se il condimento è troppo denso, aggiungere un po' più di acqua. Se è troppo sottile, aggiungere 1 o 2 pomodori. Il condimento si conserva in un barattolo con tappo a vite in frigorifero per ben 1-2 settimane. Va particolarmente bene con le insalate estive e mediterranee.

Frittelle di farro con ripieno di verdure

Tempo totale circa: 20 minuti

Ingredienti

4 uova
300 g di farina di farro (va bene anche la farina di frumento)
1 cucchiaio di sale
1 cucchiaio|di origano, secco
1 cucchiaino di aglio in polvere
500 ml|acqua minerale, gassata (importante!)
2 peperoni rossi
2|carota/e
2 cipolle primavera
1 zucchina piccola
150 g di formaggio fresco alle erbe, in alternativa crème fraîche leggera
|Sale e pepe
1 spicchio d'aglio
1 mazzo|di|cipolle
|olio

Preparazione

Sbattere le uova in una ciotola con una frusta. Aggiungere il sale, l'origano e l'aglio in polvere. Mescolare gradualmente la farina e l'acqua minerale alternativamente fino a formare una pastella densa per frittelle. La carbonatazione rende le frittelle belle e soffici! Mettere da parte a gonfiare. Per il ripieno, tritare le verdure pulite. Affettare gli scalogni e i peperoni ad anelli, o a cubetti, e grattugiare finemente le carote e le zucchine. Suggerimento: il ripieno non si annacquerà se salate le zucchine grattugiate, lasciate che assorbano brevemente l'acqua e poi strizzatele a mano o in un canovaccio. Mescolare le verdure con la crema di formaggio in una grande ciotola e condire. Tritare l'aglio molto finemente e aggiungerlo. Tagliare l'erba cipollina a rotoli e mescolare il tutto. In una padella antiaderente con un po' d'olio, friggere le frittelle fino a doratura su entrambi i lati, spalmare con il ripieno di verdure e ripiegare o arrotolare. La pastella fa 8 frittelle sottili, 2 per persona. Per i mangiatori molto bravi, contarne uno in più.

Sogno di frutta

Tempo totale circa: 4 ore e 20 minuti

Ingredienti

4 cucchiaini di tè (tè alla frutta)
500 ml|acqua bollente
a piacere|zucchero di frutta o dolcificante
2|uovo/i
200 g di crema
a piacere|bacche per guarnire

Preparazione

Versare il tè alla frutta con acqua bollente e lasciarlo in infusione per 15 minuti. Poi filtrare il tè e addolcirlo a piacere. Separare le uova. Montare prima gli albumi e poi la panna a neve. Mescolare la panna e incorporare gli albumi montati a neve. Lasciare raffreddare il composto, trasferirlo in una ciotola di metallo e congelarlo nel freezer per 3 - 4 ore. Mescolare il composto ogni 30 minuti durante questo tempo. Disporre il sogno di frutta in porzioni in graziose ciotole da dessert e servire guarnito con bacche fresche.

Bruschetta integrale

Tempo totale circa: 20 minuti

Ingredienti

1|Baguette (integrale)

5 pomodori
1|cipolla(e)
1 cucchiaio di pasta di pomodoro, condita
1|spicchio(i) d'aglio
|basilico
|origano
|pepe

Preparazione

Tagliare la baguette in 20 fette e metterla su una teglia rivestita di carta da forno. Tritare finemente i pomodori e le cipolle e mescolare con il concentrato di pomodoro. Spremere l'aglio e aggiungerlo al composto di pomodoro. Condire con origano, basilico e pepe. Distribuire il composto con cucchiai sulle fette di baguette. Cuocere in forno a 200° C per 10 minuti fino a quando non saranno croccanti.

Barretta di cioccolato low carb

Tempo totale circa: 2 ore 17 minuti

Ingredienti

100 g|fiocchi di soia
2 cucchiai di crema, un po' di più se necessario
2 pizzichi di semi di lino
eventualmente|scaglie di cocco
un po' di cioccolato fondente, grattugiato

Preparazione

Per prima cosa, mescolare bene i fiocchi di soia, i semi di lino e i fiocchi di cocco o altri ingredienti secchi. Ora aggiungere la panna e mescolare. La quantità di panna necessaria può variare, l'importante è che l'impasto abbia una consistenza molliccia. Ora lavorate l'impasto, pressatelo a forma di barretta di granola su una teglia rivestita di carta da forno e infornatelo per 7 minuti a 180 gradi. Ora lasciate riposare in frigorifero per 2 ore.

Pentola di riso con pollo

Tempo totale circa: 30 minuti

Ingredienti

3|cipolla(e)
1|pollo tagliato a pezzi
|Sale
|Paprika in polvere, dolce
|acqua
2 sacchetti di riso
un po' d'olio

Preparazione

Tagliare la cipolla a dadini e soffriggerla fino a quando non diventa traslucida. Aggiungere i pezzi di pollo e soffriggere per circa 30 minuti. Aggiungere il sale, la paprika in polvere, l'acqua (abbastanza per coprire tutto), 2 sacchetti di riso e cuocere a fuoco lento per 20 minuti.

Ravanello - formaggio - insalata su involtini

Tempo totale circa: 15 minuti

Ingredienti

250 g di formaggio di montagna
100 g di ravanelli
4|cipolle primavera
2 cucchiai di succo di limone
2 cucchiai|di aceto di sidro di mele
1 cucchiaio|di olio, (olio di soia)
|sale marino e pepe bianco del mulino
8 foglie di lattuga (lattuga)
4|rotoli, preferibilmente integrali di segale
4 cucchiaini di burro

Preparazione

Tagliare il formaggio a strisce sottili. Pulire e lavare i ravanelli, tagliarli prima a fette, poi a strisce e infine a cubetti fini. Pulire e lavare i cipollotti e tagliarli ad anelli sottili. Per la vinaigrette, mescolare il succo di limone con l'aceto, poi frullare l'olio. Condire con sale e pepe. Mescolare le strisce di formaggio con i ravanelli, i cipollotti e la vinaigrette. Lavare la lattuga e scuoterla per bene. Tagliare le foglie a pezzetti. Affettare i panini di segale e spalmare sottilmente di burro. Coprire le metà inferiori dei panini con foglie di lattuga e spalmare l'insalata di ravanelli e formaggio. Mettete le metà superiori degli involtini sopra o serviteli. Guarnire gli involtini con rotolini di erba cipollina o steli di erba cipollina a piacere. Consiglio: se il formaggio di montagna ha un sapore troppo aspro, si può usare al suo posto un formaggio Emmental più delicato. Per porzione: calorie: 432, proteine: 22 g, grassi: 26 g, carboidrati: 27 g.

Insalata tiepida di cavolfiore

Tempo totale circa: 30 minuti

Ingredienti

400 g|di cavolfiore, pulito
1 uovo/i medio/i
2 cucchiai|di aceto
3 cucchiai|di acqua minerale
1 cucchiaino|di olio (circa 5 g)
50 g|di prosciutto (prosciutto di salmone senza bordo grasso)
1 cucchiaio|di erba cipollina, in rotoli
60 g|pane (pane integrale)
|sale e pepe
eventualmente|dolcificante
eventualmente noce moscata

Preparazione

Lavare il cavolfiore, tagliarlo a cimette e cuocerlo a vapore in poca acqua salata, coperto, per circa 12 minuti. Far bollire l'uovo in 10 minuti. Tagliare il prosciutto a pezzi. Per la marinata, mescolare aceto, poca acqua minerale, sale, pepe, eventualmente noce moscata, eventualmente dolcificante e olio. Scolare il cavolfiore e mescolarlo con la marinata e il prosciutto quando è ancora caldo. Lasciare marinare per un po'. Cospargere con i rotolini di erba cipollina. Sbucciare e tagliare a dadini l'uovo e servire con l'insalata. Servire con del pane. Circa 2 1/4 BE, 32 g di carboidrati, 9 g di grassi, 26 g di proteine.

casseruola di verdure

Tempo totale circa: 1 ora e 30 minuti

Ingredienti

500 g|funghi, marroni
270 g|zucchine
360 g|Paprika(e), rossa e gialla
40 g di radice
50 g di sedano
300 g di pomodori
200 g di cipolla/e
10 g di aglio
125 g|mela, grattugiata
1 barattolo(i) grande(i) di pomodoro(i), spellato(i) con il succo
150 g di formaggio (0,8 %)
160 g|di formaggio (Gouda, 48 % di materia secca, 4 fette)
1 cucchiaio|di olio d'oliva
2 cucchiai|di salsa di soia, senza zucchero
un po' di senape, extra calda, senza zucchero (circa 5 g)
1 cucchiaio|di aceto di sidro di mele
|sale e pepe
|pepe in polvere, dolce nobile
a piacere|fiocchi di peperoncino o peperoncino fresco

Preparazione

Affettare i funghi, le zucchine, il sedano e le radici (circa 4 mm). Tagliare i peperoni in piccoli pezzi. Tagliare a dadini le cipolle e tritare l'aglio. Tagliare i pomodori freschi in piccoli pezzi. Soffriggere le cipolle e l'aglio in olio d'oliva. Aggiungere i pomodori in piccolo succo. Prendere i pomodori in scatola tra le mani e spremerli tra le dita nella padella. Aggiungere la senape, la salsa di soia, l'aceto di sidro di mele e la mela grattugiata. Condire con sale, pepe, peperoncino e paprika. Tranquillamente un po' più forte, che è ancora diluito dalle verdure. Ora lasciate sobbollire il tutto fino a quando la consistenza non è più così liquida. Nel frattempo, preriscaldare il forno a 180°C (forno a convezione). Disponete tutte le verdure (zucchine, funghi, peperoni, sedano e radici) in una teglia da forno (non preoccupatevi! Verrà comunque girato tutto). Versare la ricotta sopra e pepare di nuovo. Ora spalmare la salsa sopra e mescolare bene il tutto. Mettere il tutto con un coperchio nel forno caldo per 40 minuti. Dopo 20 minuti, mescolare di nuovo e spalmare il Gouda sopra. Ora cuocere per altri 10 - 15 minuti senza coperchio, fino a quando il formaggio è ben sciolto. Le quantità strane sono dovute al fatto che ho calcolato i valori nutrizionali. 1 porzione di 200 g corrisponde a: kcal: 94,3, kJ: 394,6, grassi: 4,6 g, carboidrati: 6,3 g, fruttosio: 2654,8 mg, proteine 6,6 g, pflanzl. Proteine: 2,6 g, fibra alimentare: 3,7 g, BE: 0,6, colesterolo: 6,3 mg, mf. uns. Acidi grassi: 480,3 mg

Kasseler con purea di rafano

Tempo totale circa: 30 minuti

Ingredienti

350 g|Patate sbucciate
|Sale e pepe
|acqua salata
400 g|di cavolo russo, spuntato

2 fette di cotoletta di Casselian, rimosse
2 cucchiaini|di olio
15 cucchiai|di latte
2 cucchiaini|di rafano

Preparazione

Tagliare le patate a pezzi e farle bollire in acqua salata per circa 15 minuti. Tagliare il gambo dei cavoletti di Bruxelles in senso trasversale e cuocerli in acqua bollente salata per circa 15 minuti. Scaldare l'olio in una padella e friggervi la lonza di maiale. Scaldare il latte. Scolare le patate e schiacciarle con uno schiacciapatate. Mescolare con il latte. Condire con sale, pepe e rafano. Scolare i cavoletti di Bruxelles e servire tutto insieme. 2 SU da accreditare.

Muffin sostanziosi

Tempo totale circa: 50 minuti

Ingredienti

200 g di farina
25 g di fiocchi d'avena
125 ml di brodo
2 uova
45 ml|olio
2|patate, (circa 200g)
2|carote, (circa 100g)
½ cipolla/e, (circa 40g)
1 ½ cucchiaino di lievito in polvere
|Sale e pepe
|Paprika in polvere, a piacere
|macis
|cumino
|origano

Preparazione

In una ciotola, mescolare olio e uova, brodo. A seconda di quanto piccante ti piace e di quanto salato o piccante ti piace mangiare con sale, peperone, paprika, origano, noce moscata e cumino (ognuno spezia in modo diverso, quindi non do più specifiche. Io aggiungo 3g di sale e 1/4 di cucchiaino di paprika e pepe). Sbucciare e grattugiare grossolanamente le carote, la cipolla e le patate in una ciotola. Tagliare la cipolla a metà e tagliarla molto finemente. Aggiungere. Aggiungere la farina, i fiocchi d'avena, il lievito e il bicarbonato e mescolare brevemente. Aggiungere tutto questo agli ingredienti liquidi. Mescolare solo fino a quando gli ingredienti solidi sono ben combinati con gli ingredienti liquidi. La pastella dovrebbe essere spessa e quasi stare in piedi sul cucchiaio - in nessun caso la pastella dovrebbe essere troppo liquida (se volete, potete anche aggiungere formaggio e cubetti di salsiccia, allora sarà più sostanziosa nel gusto). Ungere bene circa 12 tazze da muffin (o tazze di carta) e mettere un cucchiaio abbondante di pastella in ciascuna. (I pirottini devono essere riempiti appena sotto il bordo) Mettere il vassoio o i pirottini nel forno preriscaldato e cuocere a 165°C a convezione per circa 20-25 minuti. Attenzione, poiché ogni forno si riscalda diversamente, il tempo di cottura può variare. Controllate la cottura dopo 20 minuti. Se solo un po' di pasta si attacca al bastoncino, i muffin sono pronti. I muffin sono super gustosi e qualcosa di diverso dai soliti muffin dolci. Potete variare con gli ingredienti.

Pesce allo zenzero al vapore

Tempo totale circa: 35 minuti

Ingredienti

750 g|di pesce (dentice o pesce azzurro)
2 cucchiai|di zenzero, grattugiato
2 cucchiaini|sherry, secco
2 cucchiai|di salsa di soia
2 cucchiai|di olio (olio di arachidi)

2 cucchiaini|di olio (olio di sesamo)
2|cipolle novelle, tritate finemente
50 g|di pinoli, tostati
1 fetta di pancetta di maiale, tagliata a dadini
e fritta fino a diventare croccante

Preparazione

Lavare il pesce e asciugarlo. Disporre su una grande placca da forno e irrorare con zenzero, sherry e salsa di soia, poi mettere in frigo per 30 minuti. Ora mettete una rastrelliera rotonda in un wok e metteteci sopra il piatto con il pesce. Versare 1 1/2-2 litri di acqua bollente nel wok. Mettere il coperchio e cuocere a vapore il pesce sull'acqua bollente per 10 minuti. (Controllare lo stato di cottura!) Togliere dal fuoco e mettere da parte il piatto, coperto. Poi scaldare l'olio di sesamo e di arachidi in una piccola padella fino a quando è molto caldo. Spargere gli scalogni sul pesce e versare l'olio caldo sopra. Guarnire con i pinoli e il prosciutto tagliato a dadini. Servire con verdure arrostite e riso.

Riso succulento con verdure

Tempo totale circa: 30 minuti

Ingredienti

30 g di riso (integrale)
200 g|verdure pulite (zucchine, peperoni, carote)
150 g di cotoletta di maiale
50 ml di brodo vegetale (istantaneo)
|Prezzemolo, per guarnire

Preparazione

Portare a ebollizione 3/8 di litro d'acqua salata, mescolare il riso e cuocere coperto per circa 20 minuti. Nel frattempo, tagliare a dadini le zucchine e le carote, aggiungerle al riso circa 10 minuti prima della fine del tempo di cottura, e cuocere. Poi lavare brevemente la carne della cotoletta e asciugarla con carta da cucina. Tagliare a strisce sottili. Tagliare il peperone a strisce sottili o a cubetti. Scaldare l'olio d'oliva in una padella e rosolare le strisce di scaloppine su tutti i lati. Aggiungere i peperoni e friggere per circa 2 minuti, girando e condendo con sale e pepe. Infine, deglassare con il brodo e portare ad ebollizione. Scolare il riso con le verdure, scolare e mescolare con la carne. Infine, guarnire con un po' di prezzemolo.

Crema di zuppa di cetrioli

Tempo totale circa: 15 minuti

Ingredienti

1 cetriolo/i
½ litro di brodo vegetale
1 goccia di latte condensato
125 g|di yogurt naturale
1 cipolla piccola

Preparazione

Sbucciare la cipolla e tagliarla in piccoli pezzi. Sbucciare il cetriolo, tagliarlo a piccoli cubetti e ridurlo in purea con un frullatore a mano o un utensile da cucina insieme alle cipolle. Mescolare il tutto nel brodo vegetale bollente (è meglio usare i dadi da brodo del negozio di alimenti naturali a causa dei grassi idrogenati). Aggiungere una piccola dose di latte condensato e frullare lo yogurt. Portare a ebollizione brevemente e servire caldo. Suggerimento: Condire a piacere con pepe o guarnire con aneto.

Sfogliatine di zucchine Istanbul

Tempo totale circa: 25 minuti

Ingredienti

3|zucchine
2|uovo/i

2 cucchiai di farina
1 cucchiaino|di brodo vegetale (istantaneo)
1 mazzo|di aneto
3 gambi|prezzemolo
4 cucchiai|di olio (olio di girasole)

Preparazione

Pulire, lavare e grattugiare grossolanamente le zucchine. Sbattere le uova, aggiungere la farina e le zucchine e mescolare. Condire con brodo vegetale e insaporire a piacere. Lavare e tritare l'aneto. Lavare il prezzemolo, strappare le foglie dai gambi, tritare e mescolare con l'aneto. Scaldare l'olio di girasole in una padella e friggere 12 frittelle. Servire con tzatziki.

Tagliata di tacchino con zucchine

Tempo totale circa: 30 minuti

Ingredienti

300 g di petto di tacchino, tagliato a fette
4|spicchio(i) d'aglio, tritato finemente
1|zucchina, affettata
|Sale e pepe
1 cucchiaio di olio d'oliva

Preparazione

Scaldare l'olio in padella, arrostire la carne, aggiungere l'aglio e le zucchine, arrostire brevemente. Deglassare con un po' d'acqua e cuocere a vapore fino a quando la carne non è soda al morso. Aggiungere sale e pepe. Se vi piace potete legare con la farina o usare altre verdure.

Miracolo alle fragole

Tempo totale circa: 10 minuti

Ingredienti

100 g di fragole
2 tazze|di yogurt naturale, piccole tazze
un po' di zucchero
un po' di panna, montata

Preparazione

Lavare le fragole, tagliare il verde e metterle in una ciotola. Frullare con un frullatore a mano fino ad ottenere una polpa. Dividere lo yogurt in due ciotoline e versarvi sopra il composto di fragole. Guarnire con un po' di panna.

Fusilli al pomodoro - salsa di tonno

Tempo totale circa: 20 minuti

Ingredienti

4|pomodori da carne
½ mazzo|di basilico
1 scatoletta/e di tonno nel proprio succo
(150 g di peso sgocciolato)
4 cucchiai di olio d'oliva
2 cucchiai di aceto balsamico bianco
2|spicchio(i) d'aglio
|sale marino
|pepe del mulino
400 g di pasta (fusilli, preferibilmente integrali)

Preparazione

Tagliare i pomodori a croce, scottarli, spellarli, ricavarne i semi e tagliare la polpa a dadini. Ridurre la metà dei pomodori in purea con un frullatore a immersione. Lavate il basilico, scuotetelo e asciugatelo, staccate le foglie dai gambi e tagliatelo a strisce sottili. Scolare il tonno in uno scolapasta e sgocciolarlo bene. Mescolare i pomodori a cubetti e la passata di pomodoro con l'olio d'oliva e l'aceto. Sbucciare l'aglio e spremerlo. Condire il tutto con sale e pepe. Spezzettare leggermente il tonno con una forchetta e unirlo al basilico. Cuocere i fusilli in abbondante acqua bollente salata secondo le istruzioni della confezione fino al dente. Scolare in uno scolapasta e sgocciolare bene. Mescolare la salsa fredda di pomodoro e tonno alla pasta calda e servire immediatamente. Calorie: 504, proteine: 24 g, grassi: 12 g e carboidrati: 74 g per porzione.

Cavolfiore rosso - Sottaceti

Tempo totale circa: 12 ore 25 minuti

Ingredienti

1 cavolfiore
1 cucchiaio di aceto
1 foglia di alloro
125 ml|di aceto (aceto di vino rosso)
1 cucchiaio|di semi di senape
1 pizzico(i) di zucchero
|sale
1 cucchiaio|di coriandolo, intero
|Aneto, fresco
250 ml|succo di barbabietola
1|cetriolo/i, tagliato/i finemente

Preparazione

Preparare il cavolfiore. Cuocere in acqua salata con aceto e alloro per circa 20-25 minuti. Scolare, riservando 250 ml di sugo di cottura. Dividere il cavolfiore in cimette e metterlo in un barattolo. Far bollire brevemente il brodo di cottura con aceto di vino rosso, semi di senape, zucchero, sale e semi di coriandolo. Coprire le cimette di cavolfiore con rametti di aneto. Mescolare il brodo leggermente raffreddato con il succo di barbabietola e versare sulle cimette ancora calde. Coprire e lasciare in infusione per una notte. Scolare e mescolare con il cetriolo tagliato finemente e servire con piatti di uova, arrosto di maiale e piatti di carne fredda.

Insalata di aringhe rosse

Tempo totale circa: 25 minuti

Ingredienti

1 cipolla(i) grande(i)
1 peperone/i grande/i
1 cetriolo/i grande/i
1|mela, agrodolce
2 cucchiai di succo di limone
6|filetti di pesce (maties)
3 cucchiai|di olio (olio di girasole o olio di canola)
4 cucchiai di aceto balsamico bianco
|sale e pepe
eventualmente|zucchero o dolcificante

Preparazione

Sbucciare e tagliare finemente la cipolla. Lavare, mondare, seminare e tagliare finemente a dadini il peperone. Tagliare finemente a dadini il cetriolo. Lavare la mela, tagliarla a dadini con o senza buccia a piacere e cospargerla subito di succo di limone in modo che non diventi marrone. Dimezzare i filetti di matjes nel senso della lunghezza e tagliarli a pezzi. Mescolare tutti gli ingredienti preparati in una grande ciotola. Mescolare una marinata di olio, aceto, sale, pepe ed eventualmente un po' di zucchero, versare sull'insalata e ripiegare con cura. Coprire l'insalata di aringhe con una pellicola di plastica e mettere in frigo per 30 minuti. Guarnire con gambi di erba cipollina. Variante: tagliare a cubetti 1 cucchiaio di barbabietola cotta e aggiungere.

Semplice zuppa di mezzanotte per una piccola festa

Tempo totale circa: 45 minuti

Ingredienti

500 g di cipolla/e
1 cucchiaio|di olio d'oliva o di canola
2 cucchiaini|di pepe in polvere
150 g di polpa di pomodoro
1 litro di brodo vegetale (istantaneo)
¾ di litro di panna dolce
30 g di parmigiano

Preparazione

Sbucciare le cipolle e tagliarle ad anelli sottili. Soffriggerle in olio caldo. Poi aggiungere il concentrato di pomodoro e la paprika in polvere. Soffriggere brevemente e poi aggiungere il brodo. Condite a piacere con sale e altra paprika in polvere e lasciate cuocere il tutto per mezz'ora. Durante questo tempo, preriscaldate il grill e montate la panna a neve. Versare la zuppa in ciotole riscaldate. Versare la panna montata sopra la zuppa e cospargere di parmigiano. Cuocere immediatamente sotto il grill per circa 4 minuti e servire velocemente. Servire con baguette (per i diabetici anche pane integrale). Per i diabetici, la quantità di panna può naturalmente essere ridotta. per porzione circa 15 g di carboidrati (circa 1/2 BE, tuttavia, contare i BE per il pane) 28 g di grassi 9 g di proteine

Pesce in foglio di alluminio

Tempo totale circa: 20 minuti

Ingredienti

4 filetti di pesce
4 porzioni di verdure, secondo i gusti (anche avanzi)
|burro
|spezie, a piacere

Preparazione

Tagliare il pesce in porzioni e condire a piacere. Dividere leggermente e generosamente un foglio di alluminio, ungerlo e piegarlo in piccole tasche da cui non possa uscire alcun liquido in seguito. Riempire le tasche con il pesce e le verdure (precotte se necessario) e chiudere bene. Cuocere nel forno preriscaldato a circa 200°C per circa 20 minuti, poi togliere con attenzione il foglio di alluminio, che nel frattempo si è gonfiato, dal forno, aprirlo da un lato e stendere il contenuto su un piatto. Si accompagna meravigliosamente con il riso, che ho precedentemente cotto in un brodo di vino bianco. Tuttavia, non buttare via questo brodo, ma mescolarlo con un roux. Questo fa una salsa deliziosa.

Budino alla vaniglia

Tempo totale circa: 1 ora e 20 minuti

Ingredienti

1 litro di latte
16 g di agar-agar
1 pizzico(i) di sale
2 confezioni di zucchero vanigliato
2 cucchiai di miele

Preparazione

Sciogliere l'agar-agar nel latte freddo, poi riscaldare il latte fino all'ebollizione. Ora aggiungete il sale, lo zucchero vanigliato e il miele, versate il budino in un bello stampo, lasciatelo raffreddare e fissatelo. Questo è un vero budino alla vaniglia!

Panino con crema di mele e prosciutto

Tempo totale circa: 15 minuti

Ingredienti

6 fette di pane (pane integrale)

6 foglie|radicchio o lattuga iceberg
1 mela piccola
2 cucchiaini|di succo di limone
4 cucchiaini|di mirtilli rossi
2 cucchiaini|di salsiccia di fegato, (salsiccia fine di fegato di tacchino)
|Sale marino e pepe macinato
2 fette di prosciutto crudo, tagliate sottili

Preparazione

Tostate le fette di pane a vostro piacimento, mettetele una sopra l'altra e tagliate la crosta tutt'intorno con un coltello da pane. Lavate le foglie di lattuga, asciugatele e tagliatele a pezzetti. Tagliare in quattro la mela, sbucciarla e togliere il torsolo. Grattugiare finemente gli spicchi di mela sulla grattugia per verdure e spruzzare immediatamente con il succo di limone. Mescolare con i mirtilli e la salsiccia di fegato di tacchino e condire con sale e pepe. Ricoprire due fette di pane con la lattuga e spalmare spesso con la crema di mele e mirtilli rossi. Coprire ciascuna con una fetta di pane. Distribuire le foglie di lattuga rimanenti sugli altri due pezzi di pane. Togliere il grasso dal prosciutto e mettere il prosciutto sopra le foglie di lattuga. Coprire di nuovo con una fetta di pane ciascuno e tagliare ciascuno dei due panini a metà in diagonale.

Insalata di funghi con dressing allo yogurt e salsa di soia

Tempo totale circa: 10 minuti

Ingredienti

500 g|funghi freschi
300 g di yogurt magro
3 cucchiai|di salsa di soia
1 mazzo|di prezzemolo

Preparazione

Pulire i funghi e tagliarli in piccoli pezzi. Tritare finemente il prezzemolo e cospargerlo. Versare lo yogurt magro e 3 cucchiai di salsa di soia e mescolare bene il tutto. Lasciare riposare per circa 1 ora fino a quando non è pronto da mangiare. È ottimo come spuntino con il pane bianco, come contorno con la carne o anche come salsa per la pasta fredda.

Sformato di semolino

Tempo totale circa: 3 ore e 30 minuti

Ingredienti

125 g|di semolino, (farro)
½ litro di latte
2 cucchiai di stevia
1 pizzico(i) di sale
2 cucchiai di mandorle macinate
1 cucchiaio di polvere di budino (vaniglia)
1 baccello(i) di vaniglia
2 uova

Preparazione

Separare le due uova e sbattere gli albumi a neve ferma e raffreddare. Raschiare il baccello di vaniglia. Scaldare lentamente il latte e poco prima dell'ebollizione, mescolare il semolino con il sale e la stevia. Lasciate sobbollire brevemente e poi mescolate la vaniglia, la crema e le mandorle. Far sobbollire un po' fino a quando il semolino comincia ad irrigidirsi, poi mescolare i due tuorli d'uovo. Lasciare riposare per poco tempo e poi versare in uno stampo (stampi da porzione). A questo punto, con una forchetta, aggiungere gli albumi montati a neve mentre il semolino è ancora caldo! La frolla di semolino ha un sapore migliore quando è fredda, con del succo di frutta o della frutta!

Piselli con pomodori

Tempo totale circa: 15 minuti

Ingredienti

125 g di piselli (freschi o congelati)
200 g di pomodori
|sale
|pepe
|aglio in polvere
|prezzemolo tritato

Preparazione

Mettere i pomodori in acqua bollente per 1 minuto. Toglierli, togliere la pelle e tagliarli in quarti. Mettere i piselli nella padella e coprire. Cuocere a vapore a fuoco medio per 10 minuti. Aggiungere i pomodori ai piselli nella padella e cuocere ancora a vapore per 5 minuti. Condire le verdure, cospargere di erbe e servire immediatamente.

Crostata di porri e carne

Tempo totale circa: 20 minuti

Ingredienti

150 g di pasta sfoglia (2 fette) congelata
250 g di carne tritata (tartara)
200 g di porri, tagliati
125 ml di brodo vegetale
2 bianchi d'uovo
|sale e pepe
eventualmente|erbe, a piacere
1 spicchio/i d'aglio, tritato/i
30 g di formaggio (Gouda), 45% di grasso sulla sostanza secca

Preparazione

Lasciare scongelare la pasta sfoglia. Sbollentare i porri puliti in brodo vegetale per circa 3 minuti, scolarli e lasciarli raffreddare. Stendere leggermente le fette di pasta sfoglia in modo che entrino in una pirofila. Sciacquare la pirofila in acqua fredda e foderarla completamente con le fette, tirando leggermente verso l'alto i bordi. Distribuire il porro sul fondo. Mescolare la tartara con l'albume e condire energicamente con le spezie, l'aglio e le erbe. Distribuire la tartara sui porri e cuocere in forno preriscaldato a 180 gradi per circa 20 minuti fino a quando la superficie è leggermente marrone. Distribuire il formaggio grattugiato sopra e cuocere per altri 5 minuti.
È molto buono con i piatti di patate 2 BE per porzione

Petto di pollo su verdure e riso

Tempo totale circa: 30 minuti

Ingredienti

1 kg di verdure miste (possono essere congelate)
4 fette di petto di pollo o di tacchino
3 sacchetti di riso
|grasso
|sale e pepe

Preparazione

Rosolare il petto di pollo e in un'altra padella soffriggere le verdure. Cuocere il riso e disporre il tutto.

Tasche di quark a basso contenuto di carboidrati

Tempo totale circa: 1 ora e 50 minuti

Ingredienti

150 g di farina di soia
150 g di farina di ceci
300 g|Farina di grano, tipo 405

4 uova
1 cubo di lievito
1 cucchiaino di miele
3 cucchiai da tavola colmi di stevia
500 g|di quark magro, 0,3 % di grasso
1 cucchiaio|di uva passa
50 ml|di olio, di sapore neutro, per esempio
olio di colza o di girasole
100 ml|di latte
1 pizzico di sale

Preparazione

Sbriciolare il lievito in una grande ciotola. Mescolare con 100 ml di latte tiepido e circa 150-200 ml di acqua tiepida. Aggiungere il miele e mescolare leggermente. Lasciate lievitare brevemente in un luogo caldo fino a quando il lievito non avrà formato piccole fioriture sulla superficie del liquido. Mescolare la farina di grano con la farina di soia, la farina di ceci, 1 pizzico di sale e 1 cucchiaio di stevia e aggiungere al composto di lievito. Aggiungere 1 uovo e il bianco del secondo uovo alla farina e impastare in un impasto liscio ed elastico. Mettere i tuorli d'uovo in una ciotola e sbattere con 1/2 cucchiaino di zucchero vanigliato, se desiderato. Questo sarà necessario alla fine per spennellare. Se l'impasto è troppo appiccicoso o fluido, aggiungere altra farina di soia o di grano. Spargere l'olio sulla superficie di lavoro e lavorare di nuovo l'impasto energicamente con le mani. Si può anche usare un po' meno olio. Formare una palla, coprirla con un panno pulito e lasciarla lievitare in un luogo caldo fino al raddoppio del volume. Per il ripieno di cagliata, mescolare la cagliata con 2 cucchiai di stevia, 2 uova e l'uvetta. Lavorare di nuovo la pasta, dividerla in 2 metà, stenderla di circa 1 cm di spessore e tagliarla in 12 quadrati con un taglia pizza. Mettere circa 1 cucchiaino di crema di ricotta su ogni quadrato, piegare gli angoli verso il centro e premere leggermente per fare dei piccoli pacchetti. Disporre i pacchetti su una teglia rivestita di carta da forno, distanziandoli a sufficienza. Spennellare con un tuorlo d'uovo e cuocere in forno a 180°C per 15-20 minuti fino a doratura. Poi lasciare raffreddare e spolverare con stevia o zucchero a velo a seconda dei gusti.

Gratin di pollo a basso contenuto di carboidrati in stile alsaziano

Tempo totale circa: 1 ora

Ingredienti

950 g|di cavolfiore, fresco
1 cucchiaio di olio extravergine d'oliva
500 g|filetto/i di petto di pollo
250 g di cipolla rossa
100 g di pancetta
100 g di cipolla(e) primaverile(i)
200 g di panna acida o panna acida al 24
25 g di burro
75 g|Gruyère
¼ di cucchiaino di farina di carrube (opzionale se la panna acida ha solo il 20% di grassi)
|Sale e pepe

Preparazione

Preriscaldare il forno a 175 °C a calore superiore/inferiore. Per prima cosa separare il cavolfiore dalle foglie e sciacquarlo sotto l'acqua corrente. Mettere su un telo da cucina pulito e scolare. Sciacquare anche i petti di pollo e asciugarli. Ora tagliate i petti di pollo a medaglioni. Sbucciare la cipolla e tagliarla ad anelli insieme alla cipolla verde. Tagliare la pancetta a piccoli cubetti e grattugiare finemente il cavolfiore. Grattugiare grossolanamente il Gruyère. Poi mettete il cavolfiore grattugiato in una pirofila di metallo più grande e mettetelo nel forno caldo per 20 minuti. Durante questo tempo, mescolare i brandelli di cavolfiore due volte in modo che si arrostisca uniformemente su tutti i lati, lasciando uscire un po' di umidità dal forno. Nel frattempo, scaldare 1 cucchiaio di olio d'oliva in una pentola e friggervi i medaglioni di pollo per 2-3 minuti per lato. Togliere il pollo dalla pentola e mettere da parte. Poi friggere gli anelli di cipolla nel grasso di frittura per 10 minuti, poi aggiungere la pancetta a dadini e friggere entrambi ancora per 1 - 2 minuti. Poi aggiungere la panna acida e condire il tutto con sale e pepe. Se la salsa è ora un po' troppo liquida, mescolate 1/4 di cucchiaino di farina di semi di carruba nella salsa con una frusta. Infine, aggiungere gli scalogni e mescolare di nuovo. Ora togliete il cavolfiore dal forno e trasferitelo in una grande teglia. Mescolate il burro con un po' di sale e pepe. Poi mettete i medaglioni di pollo arrostiti sopra il cavolfiore, distribuitevi sopra il composto di cipolle, prosciutto e panna acida e cospargete con il formaggio tritato grossolanamente. Infine, cuocere la casseruola in forno caldo per 20 minuti. Lasciatela raffreddare un po' e servitela calda.

Zuppa di grano

Tempo totale circa: 30 minuti

Ingredienti

150 g di semola di grano, appena macinata
750 ml|di brodo vegetale
2 gambi di porro
4 cucchiai di panna acida o creme fraiche
2 cucchiai|di olio
|pepe
eventualmente|aglio

Preparazione

Far rosolare la semola fresca nell'olio e aggiungere il brodo caldo. Tagliare il porro ad anelli e aggiungerlo al brodo. Lasciarlo gonfiare per circa 20 minuti a fuoco basso (attenzione, schizza molto facilmente). Mescolare nel frattempo. Condire a piacere e mescolare con la panna acida o la creme fraiche prima di servire.

Patata - Raita

Tempo totale circa: 30 minuti

Ingredienti

375 g di yogurt magro
2 patate medie
|sale e pepe
1 pizzico|di cumino, macinato
1 pizzico(i) di pepe in polvere
1 cucchiaino|di coriandolo, tritato

Preparazione

Cuocere le patate con la buccia. Sbucciare una patata, lasciarla raffreddare e tagliarla a cubetti. Sbucciare la seconda patata, schiacciarla o schiacciarla finemente quando è ancora calda, lasciarla raffreddare. Sbattere lo yogurt fino a renderlo cremoso, aggiungere la patata raffreddata e schiacciata, mescolare. Condire con sale, pepe e il cumino macinato o pestato in un mortaio. Incorporare finemente i cubetti di patata. Servire, guarnire con paprika in polvere e coriandolo tritato. Si sposa meravigliosamente con piatti alla griglia o curry piccanti.

Zucchine umbre

Tempo totale circa: 20 minuti

Ingredienti

2 zucchine piccole
½|limone(i)
100 g di pomodoro/i
40 g di cipolla
1 mazzo|di prezzemolo
20 g|olio vegetale
70 g|formaggio, formaggio semiduro 30% di grasso

30 g di polpa di pomodoro
1 pizzico(i) di zucchero
|pepe
|Aglio
|noce moscata

Preparazione

Tagliare le zucchine a metà nel senso della lunghezza, cospargere le superfici tagliate con succo di limone, lasciare riposare per un po' e poi svuotarle. Cospargere la polpa con le spezie. Tagliare i pomodori a metà, svuotarli e tagliarli a dadini. Tritare finemente le cipolle, la polpa e il prezzemolo. Soffriggere tutto nell'olio, aggiungere il concentrato di pomodoro, condire e assaggiare. Mettere le zucchine in una pirofila poco profonda e unta, versare il ripieno e spolverare con il formaggio. Cuocere in forno a 220°C per 25 minuti.

Pastinaca - Spinaci - Gratin

Tempo totale circa: 30 minuti

Ingredienti

2 pastinache grandi
500 g di spinaci in foglie
1|cipolla/e
1 spicchio/i d'aglio
1 cucchiaio|di olio (olio d'oliva)
|Sale alle erbe
120 ml|crema
1|uovo/i
100 g|di formaggio (Emmental grattugiato)
|pepe

Preparazione

Sbucciare le pastinache e tagliarle a fette sottili. Cuocere in un colino a vapore per 3-4 minuti. Lavare gli spinaci e tritarli grossolanamente. Sbucciare e tagliare finemente la cipolla e l'aglio. Soffriggere brevemente in olio d'oliva riscaldato. Aggiungere gli spinaci e farli crollare con il coperchio chiuso. Condire con sale e pepe alle erbe. Mescolare la panna con l'uovo, il formaggio grattugiato e il sale. Ungere una pirofila e mettervi metà degli spinaci. Coprire con le pastinache e spargere sopra gli spinaci rimanenti. Versare il composto di panna e formaggio. Cuocere in forno preriscaldato a 200 gradi per circa 30 min. 1 BE/porzione Le pastinache sono disponibili al mercato settimanale o dal contadino biologico - una bella verdura invernale piccante e digeribile.

Fagiolini con insalata di pomodoro - ruccola - feta

Tempo totale circa: 20 minuti

Ingredienti

500 g di fagiolini
8|pomodori
2|cicoria
6|Noci
200 g di formaggio Feta, leggero (25%)
150 g|arugula
5 cucchiai di olio d'oliva
3 cucchiai di aceto balsamico
3 spicchio/i di aglio
1 cubo|di brodo vegetale, istantaneo
|Sale di erbe
|pepe, appena macinato

Preparazione

Lavate e pulite i fagioli, tagliateli se necessario e cuoceteli a vapore in una pentola con un po' d'acqua e il dado vegetale fino a quando saranno morbidi. Lavare e tagliare la rucola, lavare la cicoria, tagliare il gambo amaro al centro e togliere le singole foglie. Mescolare con la rucola in una ciotola. Affettare sottilmente i pomodori e metterli sopra la miscela di rucola e cicoria. Togliere i fagioli dalla pentola, riservando il brodo vegetale. Mettere i fagioli sopra i pomodori nella ciotola. Sbriciolare il formaggio feta e cospargere i fagioli. Scaldare l'olio d'oliva in una padella fino a quando è caldo, premere gli spicchi d'aglio, rompere e sbriciolare le noci e tostarle nell'olio caldo insieme all'aglio (mescolando costantemente) fino a quando l'aglio è leggermente dorato. Togliere la padella dal fuoco, aggiungere l'aceto balsamico, condire adeguatamente con sale e pepe. Aggiungere circa 5 cucchiai di brodo vegetale alla padella e mescolare bene il tutto. Versare il condimento della padella sulla feta e servire l'insalata immediatamente (cioè tiepida). Per porzione 7,5 WW p. e 500 calorie.

Mela - Zucchine Verdure

Tempo totale circa: 3 minuti

Ingredienti

1|zucchina
1 mela
un po' d'olio per friggere
eventualmente|parmigiano grattugiato o formaggio a piacere
a piacere|sale
per assaggiare il pepe
per assaggiare il brodo, la grana o la vegeta
a piacere|zucchero

Preparazione

Sbucciare e tagliare a dadini la mela e la zucchina. Spennellare una padella con un po' d'olio, aggiungere entrambe e friggere fino a quando sono calde. Nel frattempo, condire secondo i propri gusti, per esempio con un buon pizzico di sale, pepe, condimento (vegeta, brodo granulare, ecc.) e zucchero. Mescolare spesso in modo che nulla si bruci. Servire su un piatto e guarnire con parmigiano grattugiato o altro formaggio se si desidera. Suggerimento: Molto gustoso anche con pere zucchine e Roquefort o Gorgonzola. Certamente molte altre variazioni di verdure e frutta sono possibili. Il piatto ha bisogno solo di un po' di formaggio per un buon sapore ed è quindi povero di calorie e praticamente privo di carboidrati. Ideale per le diete low carb o altre diete e, oltre ad essere veloce da preparare, particolarmente economico. Praticamente vegano senza formaggio.

Patate fritte - senza grassi

Tempo totale circa: 15 minuti

Ingredienti

500 g di patate
|Sale o condimento per patate fritte

Preparazione

Lessare le patate il giorno prima (patate in camicia). Sbucciare le patate. Foderare una teglia con carta da forno, affettare le patate sbucciate e metterle sulla carta. Cospargere di spezie. Cuocere in forno, aria calda a 200 gradi, per circa 25 - 30 minuti fino a doratura. Controllate nel mezzo, ogni forno è diverso!!!

Lasagna verde

Tempo totale circa: 15 minuti

Ingredienti

400 g|Pomodoro(i), a pezzi da una lattina
225 g di spinaci in foglia (congelati)
3 fette di lasagne verdi
200 g di formaggio fresco, leggero
|Sale e pepe
un po' d'acqua
eventualmente|formaggio

Preparazione

Per prima cosa scongelare le foglie di spinaci in una padella con un po' d'acqua, sale e pepe secondo le istruzioni della confezione. Poi aggiungere la lattina di pomodori e 100 g di formaggio cremoso. Quando tutto è amalgamato, stratificare il composto alternativamente con i fogli di lasagna in una piccola pirofila. Iniziare con il composto di verdure e finire. Alla fine, coprire con i restanti 100 g di formaggio cremoso in piccoli mucchietti. Se volete, potete cospargere il formaggio in cima, ma è molto buono senza! A 200° forno a convezione 20 - 25 min. nel forno preriscaldato. Ha un totale di 430 kcal ed è una porzione abbondante.

Il riso come sempre riesce

Tempo totale circa: 1 giorno 6 ore 15 minuti

Ingredienti

300 g di riso (riso a chicco lungo)
1|cipolla(e)
3 cucchiai di burro
600 ml|di brodo di pollo
|sale
|pepe

Preparazione

Lavare il riso in un setaccio freddo. Scolare. Sbucciare e tritare finemente la cipolla. Sciogliere metà del burro in una pentola. Soffriggere la cipolla fino a renderla traslucida. Aggiungere il brodo e portare a ebollizione. Ora aggiungere il riso, condire con sale e pepe. Abbassate la fiamma al minimo, mettete il coperchio e aspettate per circa 20 minuti - non mescolate! Quando tutto il liquido è assorbito, togliete la pentola dal fuoco, mettete un asciugamano da cucina tra la pentola e il coperchio e lasciate cuocere per 10 minuti. Sciogliere il riso con una forchetta, mescolare con il burro rimanente. Importante: Il riso prima nel brodo bollente, con il coperchio, non mescolare!!!

Insalata di crauti

Tempo totale circa: 1 ora e 10 minuti

Ingredienti

500 g di crauti
1 mela
1|cipolla(e) piccola(e)
1|carota(e)
1 mazzetto|di prezzemolo
2 cucchiai|di olio
un po' di zucchero

Preparazione

Sbucciare la carota e la mela, grattugiarle finemente e metterle in una ciotola insieme ai crauti. Tagliare finemente le cipolle, tritare il prezzemolo e aggiungerlo ai crauti. Mescolare con 2 cucchiai di olio. Infine, condire l'insalata con lo zucchero. Io di solito ne prendo circa 2-3 cucchiai, dipende sempre dall'acidità dei crauti! Lasciare l'insalata in ammollo per circa 1 ora e poi condire di nuovo.

Il mio Thai - Zuppa

Tempo totale circa: 25 minuti

Ingredienti

500 g|filetto/i di petto di pollo
1 mazzo|di verdure da minestra
1 gambo/i di porro, (porro)
300 g di carote, (carote)
1|peperone(i)
1 bicchiere di germogli di bambù
3.000 ml|di brodo vegetale, da polvere istantanea
80 g|di spaghetti di vetro
15 g|funghi Mu-Err, secchi

10 g|funghi, funghi misti dell'Asia orientale, secchi
a piacere|olio, (olio di cartamo)
5 cucchiai di salsa di soia
2 cucchiaini|sambal oelek
2 cucchiaini|miscela di spezie (Cina)
3 cucchiai di aceto, (aceto di vino bianco)

Preparazione

Sciacquare il filetto di petto di pollo sotto l'acqua fredda e lasciarlo a pezzi. Lavare, pulire e tagliare le verdure e mettere da parte separatamente. Scolare i germogli di bambù in un colino e tritarli se necessario. Mettere in ammollo o cuocere i funghi secchi secondo le istruzioni del pacchetto; tritare. Preparare gli spaghetti di vetro secondo le istruzioni del pacchetto; tagliarli a pezzetti con le forbici e metterli da parte. Preparare il brodo vegetale. Scaldare poco olio in una grande pentola, soffriggere carote e sedano, aggiungere i peperoni, soffriggere ancora brevemente, poi versare il brodo vegetale. Portare la zuppa a ebollizione. Aggiungere le verdure rimanenti, i funghi e il filetto di petto di pollo a pezzi interi. Far sobbollire, coperto, a fuoco moderato per 40 minuti. Aggiungere gli spaghetti di vetro, la salsa di soia, il sambal oelek, il condimento cinese e l'aceto di vino bianco e condire a piacere. Di solito non è necessario salare di nuovo. Togliere il pollo, dividerlo in pezzi da mordere e riscaldarlo brevemente nella zuppa calda. La zuppa è adatta al congelamento (in porzioni). Il tempo massimo di conservazione è di 6 mesi.

Arrosto di funghi

Tempo totale circa: 30 minuti

Ingredienti

½ litro di latte
2 focacce (integrali)
1 kg di funghi misti

1 mazzo di prezzemolo
2|cipolle
1 spicchio/i d'aglio
2 cucchiai|di olio vegetale
un po' di|margarina
3|uovo/i
5 cucchiai|di formaggio, Gouda 45% F.i.Tr. grattugiato
1 cucchiaio|di yogurt, 0,3% di grasso
|Sale e pepe bianco
1 cucchiaino|di fiocchi d'avena

Preparazione

Scaldare il latte e immergervi i panini. Pulire i funghi e tagliarli a fette. Tritare il prezzemolo. Tagliare finemente le cipolle e schiacciare lo spicchio d'aglio. Soffriggere le cipolle nell'olio, aggiungere i funghi e cuocere a fuoco lento per circa 10 minuti. Strizzare bene gli involtini e mescolare con il pangrattato. Il liquido dovrebbe essere evaporato. Togliere dal fuoco, lasciare raffreddare leggermente, mescolare con le uova, il formaggio, lo yogurt e il prezzemolo e condire. Versare in una teglia unta e cuocere a 170 gradi in forno preriscaldato per circa 45 minuti. È meglio servire con insalate in foglia 1,5 BE per porzione.

Verdure di topinambur glassate

Tempo totale circa: 25 minuti

Ingredienti

500 g|topinambur
1 cucchiaino|di sale
1 cucchiaio|di burro
a piacere|prezzemolo tritato

Preparazione

Sbucciare il topinambur, tagliarlo a pezzi regolari e cuocerlo in poca acqua salata. Quando il topinambur è cotto, versare l'acqua salata e mettere il topinambur in una padella calda. Aggiungere il burro e glassare le verdure. Infine, aggiungere il prezzemolo e mescolare (anche mescolare funziona). Servire immediatamente.

Padella di pesce alla greca

Tempo totale circa: 25 minuti

Ingredienti

5|filetti di pesce (per esempio merluzzo o scorfano, anche surgelati)
2|zucchine
2|peperoni (per esempio rosso e giallo)
2 cipolle piccole
1 spicchio d'aglio
2 cucchiai di olio d'oliva
2 cucchiaini|di brodo vegetale, istantaneo
1 scatola di pomodori, pelati
|Sale e pepe
|Erbe miste (per esempio origano, timo, rosmarino)
|aceto balsamico
2 cucchiai di pasta di pomodoro
150 g di formaggio Feta
eventualmente|acqua o brodo vegetale

Preparazione

Lavare i peperoni, togliere i semi e tagliarli a pezzi. Lavare le zucchine e tagliarle a fette sottili. Sbucciare e tritare finemente le cipolle e l'aglio. In una grande padella, scaldare l'olio d'oliva fino a quando è caldo, aggiungere le cipolle e l'aglio e soffriggere. Aggiungere i pezzi di peperone e le fette di zucchina e soffriggere brevemente. Scolare i pomodori (riservando il liquido) e aggiungere alle verdure. Aggiungere sale, pepe e brodo vegetale. Versare il liquido dei pomodori. Mescolare con il concentrato di pomodoro. Ora dividere i filetti di pesce in diversi pezzi grandi e aggiungerli. Condire con un goccio di aceto balsamico e le erbe. Aggiungere altro sale e pepe a seconda dei gusti. Ora fate cuocere coperto per 10 minuti a fuoco medio. Se necessario, aggiungere ancora un po' d'acqua o di brodo vegetale nel frattempo. Tagliare il formaggio feta a piccoli cubetti e cospargerlo sulla padella del pesce, coprire e far cuocere di nuovo a fuoco lento per circa 5 minuti. Servire con pane greco pita, o in alternativa pane bianco fresco o riso.

Casseruola di asparagi con tacchino

Tempo totale circa: 30 minuti

Ingredienti

500 g|Petto di tacchino
400 g|Asparagi bianchi
350 g di asparagi verdi
1 mazzo|di carote (carote finger)
1 cavolo rapa piccolo
1 cipolla/e
700 ml|di brodo vegetale
3 cucchiai|di olio
2 cucchiai di prezzemolo tritato
|sale e pepe

Preparazione

Sciacquare la carne in acqua fredda, asciugarla e tagliarla a pezzetti. Sbucciare la cipolla e tagliarla a dadini o pesarla abbastanza finemente. Pelare gli asparagi, il bianco intero, del verde solo il terzo inferiore, e tagliare a pezzi di 3 cm. Lavare, pulire e pelare le carote e il cavolo rapa, non tagliare tutto il verde dalle carote, lasciarne due o tre centimetri. Tagliare le carote a metà nel senso della lunghezza, e il cavolo rapa in quarti e a fette. A seconda della dimensione delle metà delle carote, tagliatele di nuovo in senso trasversale, non devono essere molto più grandi dei pezzi di asparagi. Ora scaldate l'olio in una pentola e scottate bene la carne su tutti i lati. Aggiungere le cipolle e soffriggere brevemente fino a quando sono traslucide e dorate. Condire la carne e le cipolle con sale e pepe, poi togliere dalla pentola e tenere in caldo. Deglassare la pentola con il brodo e portare ad ebollizione. Ridurre il calore. Aggiungere gli asparagi bianchi, riportare il brodo a ebollizione, dopo circa 5 minuti aggiungere gli asparagi verdi, le carote e il cavolo rapa nella pentola e continuare la cottura per poco meno di un quarto d'ora fino a quando le verdure sono al dente. Poi aggiungere di nuovo la carne e le cipolle, riscaldare di nuovo tutto accuratamente e condire a piacere. Infine, cospargere di prezzemolo tritato e servire. Servire con pane bianco, pane piatto, ciabatta o baguette o altro pane leggero.

Fulmine - Dieta - Zuppa di cavolo

Tempo totale circa: 15 minuti

Ingredienti

6|cipolla(e) primaverile(i) lunga(e)
1 scatola di pomodori, o 6 - 12 freschi
1 testa di cavolo bianco, grande
2 peperoni grandi, verdi
1 mazzo di sedano
1 mazzo|di prezzemolo
2 buste di brodo di manzo (istantaneo)
|Sale e pepe
|polvere di cacao
|peperoncino in polvere
|acqua

Preparazione

Tagliare le verdure in piccoli pezzi. Cuocere in una pentola per 10 minuti. Aggiungere il brodo istantaneo. Poi riempire la pentola d'acqua, le verdure devono essere generosamente coperte d'acqua. Poi cuocere a fuoco basso. Condire la zuppa con un po' di sale, molto pepe, curry, peperoncino e prezzemolo.

Carote - spinaci - curry con riso condito

Tempo totale circa: 45 minuti

Ingredienti

200 g di riso
400 ml|acqua o brodo vegetale
1 cucchiaino|di cardamomo
1 cucchiaio|di olio (olio di sesamo)
2 cipolle o 1 mazzo di cipollotti
1 mazzo|di carote, fresche (in alternativa 750 g di carote in busta o con la buccia)
750 g di spinaci in foglia (congelati o freschi)
50 g di uvetta
100 g di anacardi
400 ml|latte di cocco
1 cucchiaio|di olio (olio di sesamo)
4 cucchiai|di polvere di curry
2 cucchiaini|di cardamomo
100 ml|di brodo vegetale
1 pezzo(i) di zenzero o 1 cucchiaino di zenzero in polvere
a piacere|sale e pepe

Preparazione

Tirare fuori dal freezer 750 g di spinaci surgelati (in alternativa pulire gli spinaci freschi). Sbucciare e tritare lo zenzero (in alternativa usare 1 cucchiaino di zenzero in polvere). Sbucciare e tagliare a dadini 2 cipolle (in alternativa pulire 1 mazzo di cipollotti e tagliarli ad anelli). Pulire le carote e tagliarle a bastoncini o a fette. Per il riso, scaldare 1 cucchiaino di olio di sesamo con 1 cucchiaino di cardamomo e lo zenzero schiacciato (in alternativa 1 cucchiaino di zenzero in polvere) in una pentola. Poi aggiungere 200 g di riso e soffriggere nella miscela di olio e spezie fino a quando il riso è traslucido. Deglassare con 400 ml di acqua (in alternativa brodo vegetale) e cuocere il riso fino a cottura ultimata. Per il curry, scaldare 1 cucchiaio di olio di sesamo in un wok e rosolarvi leggermente le cipolle (in alternativa i cipollotti). Aggiungere le carote e spolverare con 4 cucchiai di polvere di curry fino a quando le carote e la polvere di curry hanno preso colore e tutto è ben mescolato. Aggiungere gli spinaci. Mescolare e aspettare che tutto abbia un po' di colore. Poi aggiungere 400 ml di latte di cocco e cuocere a fuoco lento per circa 20 minuti in totale. Se non c'è abbastanza liquido, aggiungere 100 ml di brodo vegetale fino a raggiungere la consistenza desiderata. Poi, dopo 10 minuti, aggiungere 50 g di uva passa, 100 g di anacardi e 2 cucchiaini di cardamomo. Aggiungere sale e pepe se necessario. Una volta che il riso è cotto, incorporarlo al curry e lasciarlo riposare per un po'. Servire caldo. Consiglio: se volete, potete anche aggiungere una mela o tagliare una banana poco prima di servire.

Lotte dal forno

Tempo totale circa: 40 minuti

Ingredienti

800 g di rana pescatrice al forno (Lotte)
3 grandi patate a guscio
2 peperoni rossi
1 cipolla/e
1 bulbo/i di aglio
125 ml di vino bianco secco
|Olio d'oliva
|Sale e pepe
|rosmarino
|origano

Preparazione

Tagliare finemente la cipolla e soffriggerla in olio d'oliva. Sbucciare le patate e tagliarle a spicchi, tagliare i peperoni a rombi di circa 2 cm, tagliare l'aglio al centro. Friggere brevemente le verdure. Tagliare la rana pescatrice a pezzi, cospargerla di pepe grosso e sale e scottarla brevemente su entrambi i lati in una padella con olio d'oliva caldo. Mettere il pesce sopra le verdure, cospargere di erbe, versare 1/8 l di vino bianco e cuocere in forno preriscaldato a 220°C per circa 20 minuti.

Salade de Coeur de boeuf

Tempo totale circa: 25 minuti

Ingredienti

6|Pomodori, (pomodori cuore di bue Coeur de boeuf)
2|Pepe, rosso
|Sale e pepe
4 cucchiai di olio d'oliva
1|peperoncino(i) rosso(i)
2|spicchio(i) d'aglio
250 g di carne di tacchino, tagliata a fette

Preparazione

Tagliare i pomodori in 3 fette spesse, dividere i peperoni in quarti e poi tagliarli di nuovo a metà in senso trasversale. Tagliare il peperoncino, togliere i semi e tritare grossolanamente. Ora friggete i pomodori e i pezzi di peperone in una padella antiaderente senza grasso fino a quando le fette di pomodoro hanno preso un po' di colore. Togliere e tenere in caldo. Ora friggete le strisce di tacchino in 2 cucchiai di olio d'oliva. Aggiungere l'aglio, il sale e il pepe e soffriggere brevemente, ora aggiungere il peperoncino e l'olio d'oliva rimanente. Riunire delicatamente il tutto su un piatto.

Petto d'anatra con purea di verdure e noci

Tempo totale circa: 40 minuti

Ingredienti

1|Petto d'anatra
|Sale e pepe
300 g di patate
200 g di carote
50 g di radice di prezzemolo o di sedano
|acqua salata
1|pera(e)
2 cucchiai di acquavite di pere
2 cucchiai di panna dolce
2 cucchiai di noci, macinate
20 g di burro
100 ml|vino bianco
½ scatola di crescione

Preparazione

Praticare con cura un'incisione a forma di diamante nella pelle del petto d'anatra senza danneggiare la carne. Mettere in frigo per almeno 30 minuti, irrorando con un cucchiaio di brandy di pere. Sbucciare e tagliare le patate, le carote e la radice di prezzemolo. Far bollire le patate in acqua salata fino a quando sono tenere, così come le verdure in un'altra pentola. Scolare l'acqua di cottura (eventualmente usarla come brodo vegetale un'altra volta!) e schiacciare le patate insieme alle verdure non troppo finemente. Tostare leggermente le noci macinate in una casseruola asciutta e aggiungerle al composto di verdure. Sciogliere metà del burro in un pentolino, rosolarlo leggermente e mescolarlo al composto di verdure. Aggiungere un altro cucchiaio di panna e condire con sale e pepe. Distribuire il composto in un piatto poco profondo. Mettere il resto del burro a fiocchetti sopra e scaldare in forno a 100°C (calore superiore/inferiore, niente convezione, altrimenti si asciuga!) In una padella rivestita e fredda, friggere lentamente il petto d'anatra essiccato, condito con sale e pepe, dal lato della pelle in modo che il grasso fuoriesca sotto lo strato di pelle. Dopo circa 10-15 minuti, girare il petto d'anatra e friggere su questo lato per lo stesso tempo. Poi coprite la padella con un coperchio e lasciate cuocere la carne per altri 10 minuti. Poi friggete il lato della pelle per altri 2 minuti a fuoco più alto fino a quando non sarà croccante. Avvolgere il petto d'anatra in un foglio di alluminio e metterlo nel forno, dove le verdure sono ancora a 100°C. Lasciate riposare la carne arrostita per almeno 10 minuti! Nel frattempo, scolate tutto il grasso dalla padella e fate bollire il set con il vino bianco. Sbucciare la pera, tagliarla in ottavi e togliere il torsolo. Mettere i quarti di pera nella padella e cuocere a fuoco lento per 2 minuti fino a quando non sono troppo morbidi. Aggiungere il brandy di pera rimanente, così come la panna rimanente e portare il tutto a ebollizione brevemente. Affettare il petto d'anatra, circondarlo con le fette di pera della salsa. Tagliare il composto di verdure in gnocchetti e guarnire con il crescione. Un'insalata verde ci sta bene!

Pacchetti di pesce e verdure

Tempo totale circa: 40 minuti

Ingredienti

4 filetti di pesce (per esempio merluzzo, merluzzo giallo, pangasio, salmone, ...)
2 zucchine medie
4 carote medie
4 spruzzi di succo di limone
4 cucchiaini|di olio di canola
un po' di|sale e pepe

Preparazione

Sbucciare e affettare le carote e le zucchine, poi condire con sale e pepe. Pulire il pesce, acidificarlo con il succo di limone e salarlo. Ora disponete il pesce e le verdure su 4 pezzi di carta da forno e irrorate ciascuno con un cucchiaino di olio di canola. Chiudere bene i 4 pacchetti e cuocere in forno a 175 °C (forno a convezione) per circa 20 - 30 min. Ci piace mangiare riso, insalata o semplicemente una baguette. Naturalmente potete variare con le verdure, a seconda della stagione e del vostro gusto.

Insalata di barbabietola con yogurt

Tempo totale circa: 1 ora

Ingredienti

1 kg di barbabietola
3 cucchiai di succo di limone
2|spicchio(i) d'aglio, schiacciato
300 g|di yogurt, 10%
|Sale e pepe

Preparazione

Lavare i tuberi e farli bollire per 30 minuti. Dopo la cottura, lasciare raffreddare bene la barbabietola in acqua fredda. Poi sbucciare e tagliare in piccoli cubetti o fette. Mescolare tutti gli altri ingredienti in una grande ciotola, condire bene con sale e pepe e aggiungere la barbabietola. Mettere in frigo per circa 30 minuti.

Polpette di tofu con salsa allo yogurt e senape

Tempo totale circa: 35 minuti

Ingredienti

½ litro di brodo vegetale
220 g|millet
½ mazzo|di aneto
150 g|di yogurt naturale, a basso contenuto di grassi
3 cucchiai|di senape Dijon, granulosa
|sale marino e pepe macinato
220 g di tofu
1|cipolla(e)
1 spicchio d'aglio

1|zucchina
1 cucchiaino di erbe di Provenza
1 cucchiaio di salsa di soia
1|pepe in polvere
1|cavolo a fiori
2 cucchiai|di olio, (olio di soia)

Preparazione

Portare a ebollizione il brodo vegetale in una casseruola. Mescolare il miglio e lasciarlo gonfiare in una casseruola coperta a fuoco basso per circa 20 minuti, mescolando di tanto in tanto. Mettere da parte e lasciare raffreddare leggermente. Lavare l'aneto, scuotere e tritare le cime. Sbattete lo yogurt in una ciotola fino a renderlo liscio, mescolate l'aneto e la senape e condite la salsa con sale e pepe. Lavate il tofu, asciugatelo con carta assorbente e schiacciatelo in una ciotola con una forchetta. Sbucciare la cipolla e l'aglio. Pulire e lavare le zucchine e tagliare tutto a piccoli cubetti. Mescolare il tofu, le cipolle, l'aglio e le zucchine nel miglio, aggiungere le erbe secche e condire il composto con salsa di soia, sale, pepe e paprika. Pulire il cavolfiore, lavarlo e tagliarlo a cimette. Cuocere in acqua salata per circa 8 minuti fino al dente. Scolare in uno scolapasta e sgocciolare bene. Scaldare l'olio in una padella antiaderente. Con le mani inumidite formate delle frittelle con il composto di miglio-tofu e friggetele a fuoco medio fino a farle dorare su entrambi i lati. Disporre le frittelle con il cavolfiore sui piatti e aggiungere un po' della salsa di senape allo yogurt.
Calorie: 361 proteine: 17 g grassi: 11 g carboidrati: 47 g

Gnocchi al latticello su ragù di ciliegie

Tempo totale circa: 5 ore

Ingredienti

6 fogli|gelatina bianca
½ litro di latticello

2 lime, buccia e succo
1 cucchiaio di zucchero vanigliato
|Dolcificante, a piacere
125 g di crema
125 ml|di vino rosso
1 bastoncino/i di cannella
250 g di ciliegie dolci
½ cucchiaino di farina d'amido
1 cucchiaio di acqua di ciliegia
|Dolcificante, a piacere
1|clove(s)

Preparazione

Immergere la gelatina in abbondante acqua fredda, poi scioglierla, bagnata a goccia, in una piccola casseruola a fuoco basso. Versare lentamente il latticello mescolando. Condire il latticello con la scorza di lime, il succo, lo zucchero vanigliato e il dolcificante e raffreddare fino a quando il liquido comincia a gelificare. Montare la panna a neve ferma e mescolarla al latticello leggermente gelificato. Coprire di nuovo e lasciare riposare in frigorifero per qualche ora. Per il ragù di ciliegie, fate bollire il vino rosso con la cannella e i chiodi di garofano. Lavare e snocciolare le ciliegie e aggiungere, far bollire per circa 5 minuti. Mescolare la farina di mais e il brandy di ciliegie e addensare le ciliegie con essa, portare di nuovo a ebollizione. Togliere dal fuoco ed eliminare le spezie. Condire il ragù con il dolcificante e raffreddare. Dividere una parte del ragù tra i piatti da dessert. Con un cucchiaio immerso in acqua calda, fare dei fagottini con la mousse di latticello e disporli sulle ciliegie.

Insalata di pasta con acciughe e olive

Tempo totale circa: 25 minuti

Ingredienti

300 g|Penne

|sale marino e pepe del mulino
4 cucchiai di olio d'oliva
3 cucchiai|di aceto di vino bianco
3 cucchiai|di succo d'arancia
2|spicchio(i) d'aglio
75 g di peperoni sottaceto
2|filetti di acciuga (in olio)
1 pizzico di semi di cumino
g|le olive, nere e verdi senza nocciolo
1|peperone/i rosso/i
150 g di formaggio Feta
1 mazzo di prezzemolo

Preparazione

Cuocere le penne in abbondante acqua bollente salata secondo le istruzioni della confezione fino al dente. Nel frattempo, per la marinata, combinare l'olio, l'aceto e il succo d'arancia in una piccola ciotola. Sbucciate l'aglio e spremetelo nella marinata. Scolare i peperoncini in uno scolapasta e scolarli bene. Tritare finemente i filetti d'acciuga e 1 peperoncino e mescolarli alla marinata. Condire la marinata con sale, pepe e cumino. Scolare le olive in un colino. Tagliare il peperone a metà nel senso della lunghezza, togliere i semi, lavarlo e tagliarlo a cubetti. Tagliare la feta a cubetti o sbriciolarla. Lavate il prezzemolo, scuotetelo e asciugatelo, staccate le foglie e tritatele. Scolare la pasta, scolarla e mescolarla con la marinata in una ciotola mentre è ancora calda. Mescolare le olive, il salame rimanente, i peperoni e la feta nelle penne e servire cosparso di prezzemolo tritato.
Calorie: 513 Proteine: 18 g Grassi: 22 g Carboidrati: 59 g

Involtini di melanzane

Tempo totale circa: 1 ora e 20 minuti

Ingredienti

500 g di melanzane

400 g di pomodori
125 g|Mozzarella, leggera
100 g di prosciutto (prosciutto di salmone molto sottile)
1 cipolla/e vegetale/i
½ mazzo|di basilico
1 cucchiaino|di olio d'oliva
1 cucchiaino di pasta di pomodoro
½ cucchiaino|di zucchero
|Sale iodato, sale di pomodoro
|Polvere di cacao, piccante

Preparazione

Pulire le melanzane e tagliarle a fette sottili nel senso della lunghezza. Poi cospargerle generosamente di sale iodato e lasciarle riposare per mezz'ora. Nel frattempo, sbollentate i pomodori, spellateli, ricavatene i semi e tagliateli a cubetti. Sbucciare la cipolla, tritarla finemente e soffriggerla in olio caldo a fuoco dolce per circa 10 minuti fino a quando non diventa traslucida (continuare a mescolare!). Poi aggiungete i pomodori e lasciate cuocere il tutto per circa 20 minuti. Ora asciugate con cura le melanzane e tagliatele a strisce di circa 4 cm di larghezza. Friggere queste strisce in una padella rivestita senza olio e girarle più volte. Lavare il basilico e mettere alcune foglie da parte. Ora ricoprire ogni striscia di melanzana con il prosciutto di salmone e il basilico tagliato a strisce. Tagliare la mozzarella in cubetti di 2 cm e mettere un cubetto di mozzarella all'inizio di ogni striscia di melanzana. Poi arrotolare e appuntare con uno stecchino di legno. Poi mettere gli involtini di melanzane nel forno a 70 gradi. Ora condite i pomodori cotti con il concentrato di pomodoro, lo zucchero, il sale di pomodoro e la polvere di curry. Aggiungere il composto di pomodoro agli involtini di melanzane e cuocere per 10 minuti a 180 gradi.

Zuppa di verdure con tofu

Tempo totale circa: 30 minuti

Ingredienti

500 g di melanzane
½|sedano
1|cipolla(e) vegetale(i)
2|Spicchio(i) d'aglio
400 g di tofu, tagliato a dadini
2|peperoni rossi
1|peperoncino/i rosso/i
4|pomodoro/i
250 g di fagioli verdi
2|carote
1|avocado(i)
1 cucchiaio di succo di limone
½ mazzo di prezzemolo
a piacere|basilico, timo e salvia
2 cucchiai di olio d'oliva
1 litro di brodo vegetale
|sale marino e pepe macinato
4 cucchiai di parmigiano grattugiato

Preparazione

Pulire e lavare le bietole e il sedano. Tagliare le bietole a strisce e il sedano a fette. Sbucciare e affettare la cipolla e l'aglio. Tagliare i peperoni e il peperoncino a metà nel senso della lunghezza, togliere i semi e lavarli. Tagliare i mezzi peperoni a pezzi e il peperoncino a strisce sottili. Pulire e lavare i pomodori e i fagioli. Tagliare i pomodori a cubetti e i fagioli a metà. Pulire, pelare e tagliare le carote. Dimezzare, snocciolare e sbucciare l'avocado. Tagliare la polpa a spicchi e spruzzare immediatamente con il succo di limone. Lavate le erbe e scuotetele per bene. Staccare le foglie di prezzemolo dai gambi e tritarle finemente. Scaldare l'olio in una grande pentola e soffriggere la cipolla, l'aglio, il peperoncino e il tofu. Aggiungere le bietole, il sedano, i peperoni, i fagioli e le carote e versare il

brodo vegetale. Aggiungere i rametti di erbe, condire la zuppa con sale, peperone e paprika e cuocere per circa 10 minuti. Aggiungere i pomodori tagliati a cubetti e gli spicchi di avocado alla zuppa e cuocere solo delicatamente per 5 minuti. Mescolare il prezzemolo e servire la zuppa con parmigiano grattugiato.
Calorie: 260 Proteine: 10 g Grassi: 19 g Carboidrati: 13 g

Brodo di radice

Tempo totale circa: 1 ora e 20 minuti

Ingredienti

2|carote
½|radice di prezzemolo
¼|Celeriac
2 cipolle
1|spicchio(i) d'aglio
2|Spicchio(i) d'aglio, intero(i)
6 grani di pepe, bianco (intero)
½ foglia di alloro
1 litro d'acqua

Preparazione

Pelare e tagliare le carote, la radice di prezzemolo, il sedano rapa, lo spicchio d'aglio e la cipolla in pezzi di media grandezza e metterli in una pentola abbastanza grande. Ora aggiungete gli altri ingredienti e riempite d'acqua. Lasciate sobbollire il tutto per circa 1 ora in una pentola aperta. Poi passare attraverso un setaccio, versare di nuovo il brodo nella pentola e lasciarlo bollire (ridurre) a metà. Mettere in frigo o congelare fino al momento del bisogno.

Pomodori ripieni con spinaci e pinoli

Tempo totale circa: 35 minuti

Ingredienti

500 g di spinaci in foglie, congelati, scongelati e ben scolati
75 g di prosciutto crudo, tagliato a piccoli cubetti
1 cipolla/e grande/i, tritata finemente
2 spicchio/i d'aglio, tritato finemente
|Sale e pepe
|macis
2 gocce di salsa Worcester
2 gocce di tabasco
8 pomodori di media grandezza
un po' di pangrattato
un po' di parmigiano, a fette
20 g di pinoli tostati a secco
1 cucchiaio di olio d'oliva

Preparazione

Scaldare l'olio in una padella antiaderente e soffriggere i cubetti di prosciutto, la cipolla e l'aglio. Aggiungere gli spinaci ben scolati e lasciarli soffriggere. Quando il liquido è evaporato, condire con sale, pepe, salsa Worcester e Tabasco e cuocere brevemente al vapore, coperto. Tagliare la parte superiore dei pomodori, raschiarli e scolarli a testa in giù. Poi cospargere di pangrattato e scuotere l'eccesso. Mettere alcuni pezzetti di formaggio nei pomodori e condire con un po' di sale e pepe. Condire gli spinaci con noce moscata grattugiata, mescolare i pinoli e farcire il tutto nei pomodori. Mettere un po' di formaggio sopra e mettere il coperchio del pomodoro. Cuocere in forno preriscaldato a 180°C per circa 15-20 minuti, finché il formaggio non si è sciolto. Servire come piatto principale per 2 persone insieme alla baguette.

Zuppa con gamberetti

Tempo totale circa: 15 minuti

Ingredienti

1 litro di brodo di pollo

12|gamberi, cotti
1 zucchina
1 cipolla/e
|Sale e pepe

Preparazione

Tagliare le zucchine a piccoli cubetti, tritare la cipolla finemente. Portare il brodo di pollo a ebollizione, aggiungere le zucchine, la cipolla e i gamberi e cuocere per 1 minuto. Condire con pepe e sale, lasciare raffreddare e poi servire.

Spalmabile di cagliata leggera

Tempo totale circa: 2 ore e 15 minuti

Ingredienti

500 g di formaggio cagliato puro
1 mazzo di prezzemolo, aglio selvatico, erba cipollina, crescione o misto
½ cucchiaino di sale, circa
1 pizzico di pepe, circa
1 pizzico di paprika in polvere
1 pizzico(i) di zucchero
eventualmente|verdure
eventualmente miele

Preparazione

Mettere un setaccio su una ciotola e metterci sopra un panno di cotone o da cucina. Versarvi la cagliata magra e chiudere il panno. Ora mettete qualcosa di pesante sopra e lasciate scolare per 2 ore buone. Mettete la cagliata ormai asciutta in una ciotola, condite con sale, peperone e paprika a piacere (eventualmente condite secondo la vostra discrezione, perché a ognuno piace in modo diverso) e aggiungete il pizzico di zucchero, arrotondando il tutto. Ora aggiungi erbe o verdure (finemente grattugiate come peperoni, ravanelli, cetrioli) secondo necessità. È anche possibile addolcire la cagliata con il miele (ma allora omettete il sale, il peperone e la paprika) - a seconda di come vi piace. Ora mescolate vigorosamente. Dato che la massa è molto secca, aggiungete un goccio di latte fino a quando non è abbastanza cremosa per voi. Ben sigillata, la crema o salsa si conserva per una buona settimana. Qualcosa di sciolto e facile per la figura sottile.

Saté di tonno

Tempo totale circa: 50 minuti

Ingredienti

135 g di tonno, metodo di pesca delicato!
1 spicchio d'aglio
1|scalogno/i
1 cucchiaio|della pasta di curry, rosso
3 cucchiai di latte di cocco
|olio, (olio di cocco)
|Sale e pepe
|semi di sesamo

Preparazione

Tagliare il tonno in mini cubetti, tagliare l'aglio e lo scalogno in piccoli cubetti e soffriggere con un po' d'olio di cocco fino a che sia traslucido, aggiungere la pasta di curry, aggiungere un po' d'acqua o latte di cocco e mescolare sempre bene in modo che non si attacchi nulla, deve diventare una pasta densa e dall'odore molto piccante. Lasciarla raffreddare un po', poi aggiungerla ai cubetti di tonno, aggiungere sale e pepe a piacere e massaggiare bene con la mano. Il tonno ha così tante proteine che difficilmente si sfalda una volta formato, a condizione che la pasta di spezie sia stata impastata bene.
Prendere 1 cucchiaio del composto e premere intorno a spiedini di bambù o spiedini da finger food, di circa 2 - 3 cm di diametro. Se non vi piacciono gli spiedini, potete anche

tagliare gli gnocchi con un cucchiaio e dargli una forma oblunga. Arrotolare gli spiedini o i fagottini nei semi di sesamo e friggere lentamente in olio di cocco caldo, senza dimenticare di girare. Eccellente con salsa di arachidi asiatica, riso e un'insalata mista colorata. Molto adatto al Metabolic Balance.

Brasato di cetrioli in pentola

Tempo totale circa: 40 minuti

Ingredienti

7|cetrioli, con semi e tagliati a dadini
2 tazze di panna acida
5 cucchiai di timo
2 lattine di carne di maiale (va bene anche il tacchino o simili)
1 cucchiaio|di olio

Preparazione

Tagliare la carne in scatola già un po' con il coltello. Scaldare l'olio in una pentola. Rosolare la carne. Aggiungere i cetrioli con i semi e tagliati a dadini e farli stufare. Mettere il coperchio sulla pentola. Mescolare di tanto in tanto. Questo richiederà circa 10-15 minuti. Poi aggiungere il timo, mescolare e aggiungere la panna acida, mescolare. Mettere il coperchio sulla pentola per altri 5 minuti. Poi mescolare di nuovo e servire.
Si accompagna bene con patate bollite o purè di patate.

Zuppa di crema di sedano Kalypso

Tempo totale circa: 20 minuti

Ingredienti

1 sedano rapa grande
3 cucchiai di olio, di sapore neutro (non di oliva)
1 cucchiaio di farina distillata
1 litro|di brodo di manzo, polvere istantanea/cubo

200 ml|di brodo di manzo, polvere istantanea / dado
125 ml di panna dolce
2 tuorli d'uovo
1 cucchiaino|di sale, schiacciato
4 pizzico|di pepe, bianco, macinato
3 pizzico di macis, macinato
3 pizzico|curry
3 punta di coltello|curcuma, macinata
2 pizzichi di cumino, macinato
1 cucchiaio|di prezzemolo, tritato

Preparazione

Preparare il brodo di manzo nelle quantità indicate in due porzioni separate secondo le indicazioni della confezione. Montare la panna con il tuorlo d'uovo a neve ferma. Lavare e tritare il prezzemolo. Lavare e pulire il bulbo di sedano e tagliarlo a piccoli cubetti. Scaldare l'olio in una grande casseruola e soffriggere i cubetti di sedano per 10 minuti, mescolando spesso. Cospargere di farina, mescolare e cuocere brevemente fino a quando non diventa marrone chiaro. Versare una porzione maggiore di brodo di manzo, salare, pepare e cuocere a fuoco lento per 30 minuti. Frullare finemente la zuppa nel frullatore. Nella pentola grande, portare ad ebollizione la parte più piccola del brodo di manzo, aggiungere la zuppa, mescolare con la frusta, aggiungere la panna montata a neve con il tuorlo d'uovo, far scaldare il tutto. Condire a piacere con le spezie e un po' più di sale, se necessario; non andare oltre la quantità di spezie specificata, altrimenti il sapore delicato del bulbo di sedano sarà affogato. Cospargere di prezzemolo tritato al momento di servire. Cucina salutare: la crema di sedano è ricca di oli essenziali, minerali e oligoelementi; favorisce l'appetito e la digestione, ha un effetto diuretico, rafforza il cuore e la circolazione e supporta la terapia del diabete.

Tallero di zucchine con topo di trota

Tempo totale circa: 15 minuti

Ingredienti

125 g di filetto/i di trota
|acqua (acqua salata)
1 zucchina spessa
2 cucchiai di panna acida o formaggio cremoso
2 cucchiai|di yogurt naturale
1 piccola|cipolla(e)
2 cucchiaini|di aneto
|sale e pepe

Preparazione

Lavare le zucchine, eliminare le estremità e tagliarle a fette di circa 0,5 cm di spessore. In una pentola, portare ad ebollizione dell'acqua salata e cuocere le zucchine per qualche minuto fino a quando non saranno al dente. Nel frattempo, mettere il filetto di trota e i restanti ingredienti in un contenitore alto e frullare con un frullatore a mano fino ad ottenere una mousse (non liquida). Condire a piacere con pepe e sale. Togliere le zucchine iguana dall'acqua e tamponare leggermente con un tovagliolo di carta. Poi stendere le fette su un piatto. Mettere la mousse di trota preparata in una sacca da pasticcere o in una siringa da pasticcere e spruzzarla in modo decorativo sulle zucchine. Guarnire con aneto fresco, se lo si desidera. Il taler può essere servito tiepido o freddo. Questa ricetta è adatta per un piccolo antipasto leggero, come portata intermedia in un menu o come spuntino in un buffet.

Panino al formaggio di capra con pinoli

Tempo totale circa: 15 minuti

Ingredienti

2 cucchiai di pinoli
1|cetriolo/i

3|scalogno/i
100 g di formaggio di capra fresco
150 g|di yogurt naturale a basso contenuto di grassi
1 cucchiaio di olio d'oliva
1 cucchiaio|di borragine, tritato
|sale marino e pepe macinato
8 fette di pane (pane integrale)

Preparazione

Tostare i pinoli in una padella antiaderente senza grasso fino a quando sono dorati e lasciarli raffreddare. Sbucciare il cetriolo e tagliarlo a metà nel senso della lunghezza, togliere i semi con un cucchiaino. Affettare o rasare una metà del cetriolo a fette sottili, grattugiare grossolanamente l'altra metà e schiacciare bene la grattugia. Sbucciare e tagliare finemente gli scalogni. Schiacciare leggermente il formaggio di capra fresco in una ciotola con una forchetta. Mescolare con lo yogurt, l'olio, gli scalogni, la borragine, i pinoli, le fette di cetriolo e le raspe, poi condire con sale e pepe. Spalmare la miscela di formaggio cremoso e cetrioli su metà delle fette di pane e coprire ciascuna con una fetta di pane. Se si desidera, avvolgere ogni panino in un tovagliolo per servire. Suggerimento: potete preparare il panino con del semplice pane casereccio, con un sostanzioso pane alle spezie o con del pane ai semi di zucca, per esempio. Sarà particolarmente buono con il pane integrale da toast. Se non potete procurarvi la borragine, va bene anche l'aneto tritato. Calorie: 245 Proteine: 13 g Grassi: 9 g Carboidrati: 27 g

Panino all'arancia con petto di tacchino

Tempo totale circa: 15 minuti

Ingredienti

2 arance
200 g|funghi
8 foglie|di lattuga, (lattuga)

4 cucchiai|di formaggio fresco, a basso contenuto di grassi
2 cucchiaini|di senape
1|limone(i), non trattato, scorza grattugiata
e 1 cucchiaio di succo
|sale marino e pepe macinato
8 fette di pane tostato (pane integrale tostato)
200 g di petto di tacchino, cotto, a fette sottili

Preparazione

Sbucciare generosamente le arance, eliminando anche la buccia bianca, e tagliare il frutto trasversalmente a fette sottili. Pulire i funghi, asciugarli con carta da cucina, tagliarli anch'essi a fette sottili e cospargerli con 1 cucchiaio di succo di limone. Lavate le foglie di lattuga e scuotetele per bene. Mescolare la crema di formaggio con la senape e la scorza di limone, condire con sale e pepe. Tostare il pane tostato fino a doratura. Spalmate metà della crema di senape su quattro fette e disponete la lattuga, il petto di tacchino, i funghi e le arance in modo decorativo. Spalmate la crema di senape rimanente e coprite con le fette di pane rimanenti. Premete leggermente ogni panino e tagliatelo a metà in diagonale. Suggerimento: la lattuga Iceberg o la cicoria possono essere usate al posto della lattuga. Calorie: 220 Proteine: 20 g Grassi: 3 g Carboidrati: 26 g

Zuppa di polpette colorate

Tempo totale circa: 20 minuti

Ingredienti

1 porro/i
4|carota/e
3|Ucchini
2|pomodori
2 cucchiai di olive verdi senza nocciolo
500 g di carne di manzo tritata
un po' di|sale e pepe colorato del mulino

1 cucchiaino di senape
1 uovo/i
½ cucchiaino|di timo
1 cucchiaio di olio d'oliva
1 foglia di alloro
2 cucchiaini di salvia
1 litro di brodo vegetale

Preparazione

Pulire e lavare il porro e le zucchine, pelare e lavare le carote; affettare tutte le verdure in diagonale. Versare acqua bollente sui pomodori, lasciarli in infusione per poco tempo, sciacquarli, spellarli e dividerli in quarti. Tritare le olive e impastare la carne macinata con le olive, sale, pepe, senape, uovo e timo. Con le mani inumidite, formare piccoli gnocchi con la carne macinata. Scaldare l'olio d'oliva in una casseruola e friggere le polpette su tutti i lati, poi toglierle e metterle da parte. Soffriggere il porro e le carote nella salsa e condire. Aggiungere l'alloro e il levistico. Versare il brodo e far sobbollire la zuppa per circa 5 minuti. Poi aggiungere i pomodori e le zucchine e cuocere a fuoco lento per altri 5 minuti. Aggiungere le polpette alla zuppa e cuocere a fuoco lento per altri 5 minuti. Condire la zuppa con sale e pepe.

Gelatina di frutti rossi

Tempo totale circa: 15 minuti

Ingredienti

500 g di frutta rossa (per esempio fragole, ciliegie, ribes)
400 g di lamponi (congelati)
250 g di zucchero
5|dolcificante - compresse
½ litro di acqua
1 confezione di budino in polvere (alla vaniglia) per la cottura

Preparazione

Bollire i frutti rossi con lo zucchero, il dolcificante e l'acqua e addensare con la polvere di budino mescolata. Io prendo un po' del mezzo litro d'acqua prima e non aggiungo altro zucchero. Più tardi, i lamponi congelati vengono aggiunti con cura quando il porridge si è raffreddato un po'. In questo modo i lamponi rimangono intatti. Lo serviamo sempre con la classica salsa alla vaniglia.

Marmellata di prugne senza zucchero

Tempo totale circa: 20 minuti

Ingredienti

1.000 g di prugne (prugne, preferibilmente quelle piccole e succose)
1 limone
¼ di cucchiaino di cannella
2|guanto(i)
2|anice (anice stellato)

Preparazione

Snocciolare le prugne, tritarle grossolanamente, metterle in una grande zuppiera o in un Reindl, aggiungere le spezie e metterle in forno. Cuocere a circa 120 gradi per circa 2 ore. Mescolare di tanto in tanto. Fare attenzione che nulla si bruci. Alla fine, il latwerge deve essere abbastanza scuro e viscoso. Aggiungere il succo di limone mezz'ora prima della fine della cottura. Adatto ai golosi e ai diabetici. Ha un sapore fruttato e si conserva nei soliti vasi a vite per più di un anno.

Succo di olivello spinoso

Tempo totale circa: 2 ore e 30 minuti

Ingredienti

2 kg di bacche di olivello spinoso, fresche

½ litro di acqua
1 ½ kg di zucchero
1 baccello(i) di vaniglia

Preparazione

Si raccolgono le bacche, si puliscono e poi si mettono in una pentola leggermente coperta d'acqua e vi si aggiunge lo zucchero. Poi si aggiunge il baccello di vaniglia alla miscela e si toglie tutto dal fuoco appena prima che faccia le bolle, in modo che le vitamine non vengano distrutte troppo. Questo è il succo quando viene bollito. Tuttavia, il succo di olivello spinoso può anche essere fatto a freddo, trovando il frutto, pulendolo e poi premendo il tutto attraverso un setaccio e raccogliendo il succo madre. Questo non è cotto e si può tenere limitato in frigorifero per l'uso immediato o per un'ulteriore elaborazione. Questo è il più sano e poi contiene tutti gli ingredienti. Tenete presente che quello spremuto a freddo ha l'olio che galleggia in cima, perché l'olivello spinoso è una pianta oleaginosa! Se volete perdere peso, potete mangiarlo in qualsiasi forma!

Frittelle di grano saraceno

Tempo totale circa: 20 minuti

Ingredienti

150 g di farina (farina di grano saraceno)
50 g di farina (farina integrale)
400 ml|latte
½ confezione di lievito (lievito secco)
1 cucchiaino di sale marino
1 uovo(i)

Preparazione

Mescolate la farina con il latte e il lievito, lasciate lievitare per circa 30 minuti, poi mescolate il sale e l'uovo e cuocete delle frittelle sottili! C'è anche una versione dolce, vedi Buckwheat Pancakes II.

Hippenmus

Tempo totale circa: 1 ora

Ingredienti

3 kg|Hagenuts, freschi (cinorrodi della rosa canina - rosa canina).
½|limone/i
a piacere|acqua

Preparazione

A seconda delle vostre esigenze, raccogliete tanti cinorrodi quanti ne avete bisogno o volete conservare. Quanto sopra è un pro forma. I più adatti sono i cinorrodi (frutti) della rosa canina o rosa canina, perché hanno più polpa rispetto alle altre varietà di rose. Tagliate quindi le infiorescenze e gli steli e lavateli. Metteteli in una pentola appropriata e riempiteli d'acqua in modo che siano appena coperti e fateli bollire fino a quando sono morbidi. Poi metti la rosa canina bollita morbida attraverso una "Fleotte Lotte" (setaccio) e raccogli la polpa. Il resto, come i semi e la buccia, che rimangono nella "Flotten Lotte", possono ancora essere essiccati e usati come infusione di tè. La purea raccolta viene mescolata con un po' di limone e riempita in barattoli twist-off e fatta bollire a circa 90°C, circa 20 - 30 minuti. La purea di fianchi può poi essere utilizzata in diversi modi, come nelle salse per la selvaggina, per l'ulteriore trasformazione in marmellate, confetture, torte, torte, succhi, gelati o anche zuppe. Le idee non hanno limiti e aggiungendo zucchero o altro, si può variare molto. Nonostante il processo di cottura, la purea di rosa canina ha ancora vitamina C ed è un ottimo donatore di vitamine per l'inverno e per i raffreddori.

Cavolo alle mele, molto semplice (adatto ai diabetici)

Tempo totale circa: 30 minuti

Ingredienti

8 mele di media grandezza (in agrodolce, per esempio Mc Intosh), sbucciate, snocciolate e tagliate in quarti
480 ml di succo di mela (senza zucchero aggiunto)

Preparazione

Preriscaldare il forno a 230°C. Mettere le mele nella teglia e versarvi sopra il succo. Cuocete in forno per circa 30 minuti, fino a quando le mele avranno assunto un colore marrone chiaro e saranno morbide quando le si punge. Togliere la teglia e schiacciare bene le mele con una forchetta (lasciarle nella teglia). Abbassare la temperatura del forno a 175 °C. Cuocere la purea di mele per altre 1½ - 1¾ ore, fino a quando il composto si è addensato e ha assunto un colore marrone scuro. Mescolare la purea di mele di tanto in tanto durante la cottura. Al termine, trasferire in una ciotola per raffreddare. Si conserva in un barattolo con tappo a vite in frigorifero per un massimo di 2 settimane, ma per una conservazione permanente, si prega di conservare in un contenitore per freezer nel congelatore per un massimo di 6 mesi. Produce 480 ml (1 porzione è 1 cucchiaio) 27 Kcal 0 g di grassi 7 g di carboidrati 0 g di proteine

Carota - cagliata - spalmabile

Tempo totale circa: 10 minuti

Ingredienti

3|carota/e
1|cipolla(e)
250 g|Quark (formaggio cagliato, a basso contenuto di grassi)
|Sale
|pepe
olio d'oliva

Preparazione

Sbucciare e grattugiare finemente le carote. Sbucciare e tritare finemente la cipolla. Mescolare entrambi con la cagliata magra, poi aggiungere sale e pepe a piacere. Infine, aggiungere un po' di olio d'oliva.

Terrina di pollame

Tempo totale circa: 2 ore e 30 minuti

Ingredienti

700 g|filetto/i di petto di tacchino
275 g|fegato(i) di pollo
1 arancia(e) piccola(e), non trattata(e)
2 bacche di ginepro
1 foglia di alloro
½ cucchiaino di timo essiccato
1 cipolla/e
1 mazzo di prezzemolo
1 uovo(i)
2 cl|Sherry, secco
1 cucchiaio|di panna montata
|Sale
|pepe bianco
|pepe di Caienna
200 g|di porro
70 g|grasso di burro
125 g di pancetta, grasso a fette

Preparazione

Tagliare a dadini 500 g di filetto di petto di tacchino. Tagliare i restanti 200 g a strisce e mettere da parte. Tagliare a dadini il fegato. Grattugiare la buccia dell'arancia, spremere il frutto. Mescolare i cubetti di petto di tacchino, il fegato, la scorza e il succo d'arancia con bacche di ginepro schiacciate, alloro schiacciato e timo e marinare per 2 ore. Sbucciare e tagliare a dadini la cipolla e passarla nel tritacarne due volte con il composto marinato. Tritare il prezzemolo e mescolarlo con l'uovo, lo sherry e la panna. Condire bene. Pulire il porro, lavarlo, tagliarlo a metà nel senso della lunghezza e friggerlo in metà del burro chiarificato. Togliere. Scaldare il restante burro chiarificato e soffriggervi il petto di tacchino. Condire con sale e pepe. Foderare uno stampo da terrina (1,5 l di capacità) con le fette di pancetta. Distribuire metà del composto di pollame fino a renderlo omogeneo. Ricoprire con i porri e le strisce di petto di tacchino e coprire con il composto rimanente. Mettere la teglia chiusa nella teglia del grasso del forno preriscaldato, versare acqua calda e cuocere per circa 2 ore a 175°C.

Imprint

Tutti i diritti riservati

Editoria memore
Ti aiutiamo a pubblicare il tuo libro!

Da

TTENTION Inc.
Wilmington - DE19806
Carrello SQ 20c

Tutti i diritti riservati

Instagram: mindful_publishing
Contatto: mindful.publishing@web.de
Contatto2: mindful.publishing@protonmail.com